T0120099

*Peace of Mind*

# BIBLE WORD SEARCH

## NAMES OF JESUS

*Peace of Mind*

# BIBLE WORD SEARCH

## NAMES OF JESUS

LINDA PETERS

Good Books®
New York, New York

Copyright © 2021 by Hollan Publishing

All rights reserved. No part of this book may be reproduced in any manner without the express written consent of the publisher, except in the case of brief excerpts in critical reviews or articles. All inquiries should be addressed to Good Books, 307 West 36th Street, 11th Floor, New York, NY 10018.

Good Books books may be purchased in bulk at special discounts for sales promotion, corporate gifts, fund-raising, or educational purposes. Special editions can also be created to specifications. For details, contact the Special Sales Department, Good Books, 307 West 36th Street, 11th Floor, New York, NY 10018 or info@skyhorsepublishing.com.

Good Books is an imprint of Skyhorse Publishing, Inc.®, a Delaware corporation.

Visit our website at www.goodbooks.com.

10 9 8 7 6 5 4 3 2 1

Library of Congress Cataloging-in-Publication Data is available on file.

Cover design by Joanna Williams
Cover image used under license from Shutterstock.com

Print ISBN: 978-1-68099-746-0

Printed in China

All scripture quotations are taken from the following sources:

The Holy Bible, New International Version®, NIV®, copyright © 1973, 1978, 1984, 2011 by Biblica, Inc.™ Used by permission of Zondervan. All rights reserved worldwide. www.zondervan.com. The "NIV" and "New International Version" are trademarks registered in the United States Patent and Trademark Office by Biblica, Inc.™

The ESV® Bible (The Holy Bible, English Standard Version®), copyright © 2001 by Crossway, a publishing ministry of Good News Publishers. Used by permission. All rights reserved.

The New American Standard Bible® (NASB), copyright © 1960, 1962, 1963, 1968, 1971, 1972, 1973, 1975, 1977, 1995 by The Lockman Foundation. Used by permission. www.lockman.org.

New Revised Standard Version Bible, copyright © 1989, division of Christian Education of the National Council of the Churches of Christ in the United States of America. Used by permission. All rights reserved.

Holy Bible, New Living Translation, copyright © 1996, 2004, 2015 by Tyndale House Foundation. Used by permission of Tyndale House Publishers, Inc., Carol Stream, Illinois 60188. All rights reserved.

The Holy Bible, King James Version. New York: American Bible Society, 1999; Bartleby.com, 2000.

# SHILOH

## Genesis 49:10

T G M E B W L O K Y B
L N T L R I J E T E D
N I M R T T L U T N S
R R M N A P P W D H U
P E U Y O P E E A A Y
J H V E R E E L C D H
T T P I N M L D V S R
E A C Y G H O L I H S
E G O B R W Q L L M G
F Y M W B M A N W D N
B Q E Z V Z Q L P M Z

*The sceptre shall not depart from Judah, nor a lawgiver from between his feet, until Shiloh come; and unto him shall the gathering of the people be.*

SCEPTRE
SHALL
DEPART
JUDAH
LAWGIVER
BETWEEN
FEET
UNTIL
SHILOH
COME
UNTO
GATHERING
PEOPLE

# DAVID'S OFFSPRING

## 2 Samuel 7:12-13

A V K M N R M J P F J D P
G N R B A D L I U B N G D
N D C I H S I L B A T S E
I F S E D C F R M L K P P
R E O A S I O O L E M K L
P Y Y R L T D M N J M B L
S S D L E G O O E S U O H
F Q E O N V R R A F T E R
F D L I B H E R S N A M E
O Y K Z T T N R P L Q G T

*When your days are fulfilled and you lie down with your ancestors, I will raise up your offspring after you, who shall come forth from your body, and I will establish his kingdom. He shall build a house for my name, and I will establish the throne of his kingdom forever.*

DAYS
FULFILLED
ANCESTORS
RAISE
OFFSPRING
AFTER
COME
BODY
ESTABLISH
KINGDOM
BUILD
HOUSE
NAME
THRONE
FOREVER

# REDEEMER

## Job 19:25-27

E R Y E A R N S D
D N E K A T G E L
Z I D D N R Y O K
H K G T E O T R D
S S G L R E W H E
E T T T I A M Y D
L O S A Z V E E B
F E W D N S E H R
D R K N Q D W S L

*I know that my redeemer lives,*
*and that in the end he will stand on the earth.*
*And after my skin has been destroyed,*
*yet in my flesh I will see God;*
*I myself will see him*
*with my own eyes—I, and not another.*
*How my heart yearns within me!*

KNOW
REDEEMER
LIVES
END
STAND
EARTH
SKIN
DESTROYED
FLESH
GOD
OWN
EYES
HEART
YEARNS

# THE CORNERSTONE

## Psalm 118:22-24

J Q R L M L P R R Q N N M V
L P Y S X N G E W R N W R K
X Y I E P D J X L Z B P Q P
M H M N L E R E J O I C E L
T D M O C U R T B L R L Y L
M J L T T P F B T Y D D L M
A X E S Z B S R E D L I U B
D D B R B M T D E E W N V Y
E P Z E D L A N M D O W J D
Z J Z N B L G O L W N Y M B
J Z P R G J C N B Y A O L X
V R L O Q E M L I D Z P W N
T N M C B T Q V M O Z Z N K
T Q M V D D W Z Q V D M N J

*The stone that the builders rejected*
*has now become the cornerstone.*
*This is the LORD's doing,*
*and it is wonderful to see.*
*This is the day the LORD has made.*
*We will rejoice and be glad in it.*

BUILDERS
REJECTED
NOW
BECOME
CORNERSTONE
THIS
DOING
WONDERFUL
DAY
LORD
MADE
WILL
REJOICE
GLAD

# THE BRANCH OF THE LORD

## Isaiah 4:2

B S U R V I V O R S
I E V B M D G Z S Q
S F A L R L N U Q B
R R T U O A O A D P
A U D R T I N P L Y
E I Y H R I R C D X
L T A O Y I F R H G
R T L N D A O U D M
B G T E N L D J L D

*In that day the Branch of the LORD will be beautiful and glorious, and the fruit of the land will be the pride and glory of the survivors in Israel.*

THAT
DAY
BRANCH
LORD
BEAUTIFUL
GLORIOUS

FRUIT
LAND
PRIDE
GLORY
SURVIVORS
ISRAEL

# IMMANUEL

# Isaiah 7:14

D I L V S I G N H G T
L E M W I T H I N N K
I W V M G R M K O O L
H X Q I A S G C A L L
C S V H E N R I Y J W
D E N L T C U R N V W
S R F A D R N E W L D
O L O O E Q I O L T B
N B G L J M R B C V P

*"All right then, the LORD himself will give you the sign. Look! The virgin will conceive a child! She will give birth to a son and will call him Immanuel (which means 'God is with us')."*

LORD
HIMSELF
GIVE
SIGN
LOOK
VIRGIN
CONCEIVE
CHILD
BIRTH
SON
CALL
IMMANUEL
MEANS
GOD
WITH

# GREAT LIGHT

## Isaiah 9:2-3a

K R Q Z K L N Z D K R D
D V J T I D N A B T S Z
M Z T V D B E X T S X B
D U E P E Z D N E I R Z
E D L X E D D N I V O G
S J Q T P L K E R H R N
A K V T I R P M K E S Z
E L N J A P R O A L L J
R M P D Z T L T E I A W
C D N A L Y Q I G P K W
N D G Y M O D H E X P N
I T Y D K J T L Z D G Y

*The people who walked in darkness*
*have seen a great light;*
*those who lived in a land of deep*
*darkness—*
*on them light has shined.*
*You have multiplied the nation,*
*you have increased its joy.*

PEOPLE
WALKED
DARKNESS
GREAT
LIGHT
LIVED
LAND
DEEP
SHINED
MULTIPLIED
NATION
INCREASED
JOY

# PRINCE OF PEACE

## Isaiah 9:6

E T N E M N R E V O G
J V G I V E N E L N C
S C E C A E P U S O M
F H W R S Y F D U T T
A I O O L R T N O E V
T L N U E A S H C G C
H D T D L E S N G A W
E Z N N L D I T L I V
R O R O M R E L I B M
W O R N P Y E R B N D
B B T N X D J D S Y G

*For a child is born to us,*
*a son is given to us.*
*The government will rest on his shoulders.*
*And he will be called:*
*Wonderful Counselor, Mighty God,*
*Everlasting Father, Prince of Peace.*

CHILD
BORN
SON
GIVEN
GOVERNMENT
REST
SHOULDERS
CALLED
WONDERFUL
COUNSELOR
MIGHTY
GOD
EVERLASTING
FATHER
PRINCE
PEACE

# ROOT OF JESSE

# Isaiah 11:10

D W E L L I N G S Y L D P
W L L A H S D V T L Z T Q
R I D S B Y N D A G T J J
S K N M I A R S N Z J E V
T U D Q T G E O D L S N L
H D O I U L N N O S R K X
A N O I P I R A E T M T N
T N Q O R R R L L V V V N
S B E N L O R E D Y Y L R
Q P P B V J L J M M A N Z
K D B X V M L G Y Q B D J

*On that day the root of Jesse shall stand as a signal to the peoples; the nations shall inquire of him, and his dwelling shall be glorious.*

THAT
DAY
ROOT
JESSE
SHALL
STAND
SIGNAL
PEOPLES
NATIONS
INQUIRE
DWELLING
GLORIOUS

# SOVEREIGN LORD

# Isaiah 25:7-8a

M S R A E T D L B L M X
O D J J W Z R D T X V M
U S E N C O V E R S Q M
N E S S N V L F Z S L E
T L L O T A O L D X P J
A P T Y V R T L A I K D
I O T T E E O I W W U V
N E S V E F R Y O O S D
Q P E X N E L E R N E N
L R C E W O H H I A S T
M N A Y R B S S T G N B
Q N F D R M D H K R N G

*On this mountain he will destroy*
*the shroud that enfolds all peoples,*
*the sheet that covers all nations;*
*he will swallow up death forever.*
*The Sovereign LORD will wipe away*
*the tears*
*from all faces.*

MOUNTAIN
DESTROY
SHROUD
ENFOLDS
PEOPLES
SHEET
COVERS
NATIONS
SWALLOW
DEATH
FOREVER
SOVEREIGN
LORD
WIPE
TEARS
FACES

# THE GLORY OF THE LORD

# Isaiah 40:5

Q X P Q G J M R M
R E V E A L E D N
A L L N O H O E X
B Z E D T P K R E
Z H R E W O L E Y
T O G X P I S E J
L O N S P B L T R
T W K B R D D L Y

*"Then the glory of the LORD will be revealed,*
*and all people will see it together.*
*The LORD has spoken!"*

THEN
GLORY
LORD
WILL
REVEALED

ALL
PEOPLE
SEE
TOGETHER
SPOKEN

# HOLY ONE OF ISRAEL

## Isaiah 41:14

D W O R M S W R
I E N L P O E R
S W C L O M N R
R J E L E R A E
A H A E A E D Y
E M D C F R L V
L E N G O O E Q
R N N V H B W S

*Fear not, you worm Jacob,*
*you men of Israel!*
*I am the one who helps you, declares*
*the LORD;*
*Your Redeemer is the Holy One of Israel.*

FEAR
WORM
JACOB
MEN
HELPS
DECLARES
LORD
REDEEMER
HOLY
ONE
ISRAEL

# THE ELECT OF GOD

## Isaiah 42:1

U T I R I P S M S J
P W N D M F U E M S
H P Z E O I L P E W
O P Y R M I N R O D
L B T M T G V E E N
D H E N B A D L M E
D S E H N R I U L T
M G O T O G I E J L
Z Y T U H L C N J D
W Y N T L T D V G G

*Behold my servant, whom I uphold; mine elect, in whom my soul delighteth; I have put my spirit upon him: he shall bring forth judgment to the Gentiles.*

BEHOLD
SERVANT
UPHOLD
MINE
ELECT
SOUL
DELIGHT
SPIRIT
UPON
BRING
FORTH
JUDGMENT
GENTILES

# THE ARM OF THE LORD

# Isaiah 53:1-2

M J B Q G R O U N D K W R Z
Y Y V V D L Y Y T R D L P P
T L G M W P B L N Y B M F L
U Y O T A D L D A K P O M D
A L J R Y J E A J R R P E D
E Z Y V D L E P N M M V D N
B G L J A K D S L T E W M D
D V T E P J L O T I N B E T
M R V G N U O Y L Y T S K L
D E A L R K M E M K I O B B
R Z T E N E B R Z R Z Z O L
L X D B H X W M E K K K R R

*Who has <u>believed</u> what he has <u>heard</u> from us?*
*And to whom has the <u>arm</u> of the <u>LORD</u> been <u>revealed</u>?*
*For he <u>grew</u> up before him like a <u>young</u> <u>plant</u>,*
*and like a <u>root</u> out of dry <u>ground</u>;*
*he had no <u>form</u> or <u>majesty</u> that we should <u>look</u> at him,*
*and no <u>beauty</u> that we should <u>desire</u> him.*

BELIEVED
HEARD
ARM
LORD
REVEALED
GREW
YOUNG
PLANT
ROOT
GROUND
FORM
MAJESTY
LOOK
BEAUTY
DESIRE

# A MAN OF SUFFERING

## Isaiah 53:3

S Q F N J M L D L D
V U I A S X E Q E B
E A F E M T W S L Q
P S C F C I I H E G
G A T E E P L L O E
F Q J E S R P I D M
J E J E E O I I A W
R L D Y E M H N W R
Q O M P M D A K G R
P W K B Q M Q R Z D

*He was <u>despised</u> and <u>rejected</u> by mankind,*
*a <u>man</u> of <u>suffering</u>, and <u>familiar</u> with <u>pain</u>.*
*Like one from <u>whom</u> <u>people</u> <u>hide</u> their <u>faces</u>*
*he was despised, and we held him in <u>low</u> <u>esteem</u>.*

DESPISED
REJECTED
MAN
SUFFERING
FAMILIAR
PAIN
WHOM
PEOPLE
HIDE
FACES
LOW
ESTEEM

# THE MIGHTY ONE OF ISRAEL

## Isaiah 60:16b, 17b

S S E N S U O E T H G I R
I Q J D Y L T R D M Y X Q
L S X M N L E Z N R Y T N
M M R R Z M L Y Y N O D L
J I X A E R O I V A S L X
Q X G E E L B Q O K E W V
N P D H L L U N R A O E L
R E L Q T A E R D N K Z Y
R A D T Y Y S E K A D K P
L C R J D R R T M Q R M P
L E J Q V V N K K R L X N

*You will know at last that I,*
*the LORD,*
*am your Savior and your*
*Redeemer,*
*the Mighty One of Israel.*
*I will make peace your leader*
*and righteousness your ruler.*

KNOW
LAST
LORD
SAVIOR
REDEEMER
MIGHTY
ONE
ISRAEL
MAKE
PEACE
LEADER
RIGHTEOUSNESS
RULER

# EVERLASTING LIGHT

# Isaiah 60:19

W N N J L L I W L G J D
D Q M D B X T D Q X G B
O M L O Y P T T L N R Z
G M R N R B W T I I X L
L S H I N E T T G B Y M
N N Q R J R S H Z B D N
Z V U N V A T Y G N W J
R O Y W L N L Y R I Q T
Y A Z R E M G O M O L B
D G E S O S U N R L L N
K V S O X R M R R D R G
E T N L P Q R K Z P M V

*The sun will no more be your light by day,*
*nor will the brightness of the moon shine on you,*
*for the LORD will be your everlasting light,*
*and your God will be your glory.*

SUN
WILL
MORE
DAY
BRIGHTNESS
MOON
SHINE
LORD
YOUR
EVERLASTING
LIGHT
GOD
GLORY

# THE RIGHTEOUS BRANCH OF DAVID

## Jeremiah 23:5

M T T G D G T Y T B G K L D
L T J D N N P V L O R D T B
D V G D N N P G N E W L Q R
E T U C E X E M J R S Y Z Y
H L L Q L S B U K R L I W M
C G Z R I D S D B E E L W S
N S N A N T Y Z R N A I U Q
A Y R I I G D U K E M O G Y
R A L C M D S I D R E X R N
B D E K W O N R V T P T M T
N X D J L G C J H A D T R N
D G J L A W W G D L D Y D K
Y M J D N D I J M D D P T L
V L Q B D R Z K P V V L Y Y

*The days are surely coming, says the LORD, when I will raise up for David a righteous Branch, and he shall reign as king and deal wisely, and shall execute justice and righteousness in the land.*

DAYS
SURELY
COMING
LORD
RAISE
DAVID
RIGHTEOUS
BRANCH
REIGN
KING
DEAL
WISELY
EXECUTE
JUSTICE
LAND

# THE LORD IS OUR RIGHTEOUSNESS

## Jeremiah 23:6

I Q D J Z Y Y P L J B D X Z
S S E N S U O E T H G I R T
R J V Q Z Y B M C T L V V Y
A M A Z D J C I L P R Q L L
E R S T W A H Z L O L W D Z
L Y G W L W Y J D W R M X L
W J T L D N R D U D T D J M
N Q E E W A N T Y D M Y B P
N D R X F G Y J B D A Z P E
T K Y T R A B S W E M H V Z
N X B R T Q S K R I M I B W
Y M L M R K V V Q Z L A W G
B J L M X D Z M L B L L N Z

*In his days Judah will be saved and Israel will live in safety. And this is the name by which he will be called: "The LORD is our righteousness."*

DAYS
JUDAH
WILL
SAVED
ISRAEL
LIVE
SAFETY
NAME
WHICH
CALLED
LORD
RIGHTEOUSNESS

# THE ANOINTED ONE

## Daniel 9:25

U N D E R S T A N D
J R E S H C N E R T
E E T N T Y W U M D
R S N R O R L O L J
U T I B O E E I N S
S O O S R U U E E K
A R N Y E B B V T W
L E A M E M E L O S
E T I R Y N O R E B
M T L Y S K D C M X

*"Know and understand this: From the time the word goes out to restore and rebuild Jerusalem until the Anointed One, the ruler, comes, there will be seven 'sevens,' and sixty-two 'sevens.' It will be rebuilt with streets and a trench, but in times of trouble."*

KNOW
UNDERSTAND
TIME
WORD
RESTORE
REBUILD
JERUSALEM
ANOINTED
ONE
RULER
COMES
SEVENS
STREETS
TRENCH
TROUBLE

# RULER OF ISRAEL

## Micah 5:2

L H K S A Y D T M J L Z N
I Q A M N I M E L P O E P
T S O H S I H Q D B Z L Q
E N R T T E G B E H A L F
G G A A L A N I J E M O C
P N A H E S R U R R T L P
T A T L M L D H E O D L V
T E S A L A W L P Y L N O
B M L T H I U M J E L M J
N L W W V R V Q L N N Y D

*But you, O Bethlehem Ephrathah,*
*are only a small village among all the*
*people of Judah.*
*Yet a ruler of Israel,*
*whose origins are in the distant past,*
*will come from you on my behalf.*

BETHLEHEM
EPHRATHAH
ONLY
SMALL
VILLAGE
AMONG
PEOPLE
JUDAH
RULER
ISRAEL
ORIGINS
DISTANT
PAST
COME
BEHALF

# OUR PEACE

# Micah 5:4-5a

T L S M A J E S T Y
A N R T H A L J B T
E D L T R Z D N J G
R X R I D E D R M Y
G A S E K V N L O E
E E X C H I N G C L
N Q O S A P E A T G
J L D M Q L E N M H
F N E T J P N H O E
E R R W W B Z N S B

*And He will arise and shepherd His flock*
*In the strength of the LORD,*
*In the majesty of the name of the LORD*
*His God.*
*And they will remain,*
*Because at that time He will be great*
*To the ends of the earth.*
*This One will be our peace.*

ARISE
SHEPHERD
FLOCK
STRENGTH
LORD
MAJESTY
NAME
REMAIN
GREAT
ENDS
EARTH
ONE
PEACE

# THE DESIRE OF NATIONS

# Haggai 2:6-7

N Q T P Z Y R N V T Y J E
W R Q L V P M R D S X L E
D J N X Q R X H N W I S D
H E A V E N S O L H U R K
L M X M B N I S W O O Y T
I T O T M T T T H L L K Y
T C M F A D Y S E A R Y P
T L B N I R E S E A R Q Z
L K B K O L Y S H D R G Z
E K T L L L L N I A V T R
N Q G M D A L M J R K R H
R D L D R J N J X L E E V
J B Q W R J B D W G M G Y

*For thus saith the LORD of hosts; Yet once, it is a little while, and I will shake the heavens, and the earth, and the sea, and the dry land; And I will shake all nations, and the desire of all nations shall come: and I will fill this house with glory, saith the LORD of hosts.*

LORD
HOSTS
LITTLE
WHILE
SHAKE
HEAVENS
EARTH
SEA
DRY
LAND
DESIRE
NATIONS
COME
FILL
HOUSE
GLORY

# ZION'S KING

# Zechariah 9:9

S U O E T H G I R V N J
B J N D K T G N I M D V
D N E I O R U C J E Y Y
L A N R E N T O C O L T
O G U A U O K I H R W Y
W C T G R S O E I S L D
L L O I H J A D Y N L J
Y A O M E T I L O K Z K
J U O R E N E I E P V J
S Z Y F G S Z R P M X L

*Rejoice greatly, Daughter Zion!*
*Shout, Daughter Jerusalem!*
*See, your king comes to you,*
*righteous and victorious,*
*lowly and riding on a donkey,*
*on a colt, the foal of a donkey.*

REJOICE
GREATLY
DAUGHTER
ZION
SHOUT
JERUSALEM
KING
COMES
RIGHTEOUS
VICTORIOUS
LOWLY
RIDING
DONKEY
COLT
FOAL

# MESSENGER OF THE COVENANT

## Malachi 3:1

C O V E N A N T R A S
B R D R E T E E L E S
E R P M G L G M N U B
F Q O R P N I D D N E
O C L M E G I D Y R P
R M E S H P E K I A R
E T S T T N A S E T W
L E Y Q L B E R T E M
M O J Y T D M G E N S
N R R M M G X T B R L
N Q T D B Q X L L X N

*"I will send my messenger, who will prepare the way before me. Then suddenly the Lord you are seeking will come to his temple; the messenger of the covenant, whom you desire, will come," says the LORD Almighty.*

SEND
PREPARE
WAY
BEFORE
SUDDENLY
LORD
SEEKING
COME
TEMPLE
MESSENGER
COVENANT
DESIRE
ALMIGHTY

# SUN OF RIGHTEOUSNESS

## Malachi 4:2

S S E N S U O E T H G I R S
L E R U T S A P F E Z Y E N
E E X R O G L G E T K V O Q
S W A U L P D G A J L I L J
I M T P W P Z N R A M X L J
R Y V I I X Z I C W I N G S
N F L L L N D L N N L T J Z
Y L R L B K G A B B N Q N V
D N N E J D Y E J U W N P J
N W A Y E X D H S L L T M Y
G Q M J N X N Y Q T P X P Z
L R E N J R W V G V P D Y Q

*"But for you who fear my name, the Sun of Righteousness will rise with healing in his wings. And you will go free, leaping with joy like calves let out to pasture."*

FEAR
NAME
SUN
RIGHTEOUSNESS
RISE
HEALING
WINGS
WILL
FREE
LEAPING
JOY
LIKE
CALVES
OUT
PASTURE

# JESUS

# Matthew 1:20-21

D I A R F A Y R A M Y K D L
D E V I E C N O C G L E W Y
R D Q J J H D A Q M R B D T
E N J V P Z R T N A E B L N
A X V E R K O K E G N V N M
M S S R R B L P P P E J A G
D O P P E O P L E S E L W S
J Y J I Q A R D R S N M W T
D L B I R T H M U B Z I W X
N O J W D I Z S J M P I S K
D H G L M V T T B T F Q K N
J G G L L B M Z V E X W T Y

*But after he had considered this, an angel of the LORD appeared to him in a dream and said, "Joseph, son of David, do not be afraid to take Mary home as your wife, because what is conceived in her is from the Holy Spirit. She will give birth to a son, and you are to give him the name Jesus, because he will save his people from their sins."*

ANGEL
LORD
APPEARED
DREAM
JOSEPH
AFRAID
MARY
WIFE
CONCEIVED
HOLY
SPIRIT
BIRTH
JESUS
SAVE
PEOPLE
SINS

# GOVERNOR

## Matthew 2:5b-6

P T L B L M N Y M Y Y B K N
R Z D J Y J N J J N E G B L
O B J N U P B M N T O V E X
P J B R S D W T H V S A I L
H W E H Y X A L E E S S G R
E B A L Z B E R C T R U L E
T L N N P H N N D A T M L Q
L T V J E O I E E N G W T Y
T Q L M R R E L T N A M J B
C M B N P M J P O T V L N D
N O Q Q N D B M K X I W D G
J L M T D Z A Y Z Q K R Y L
Y Y M E T P D W X V M J W P

*For thus it is written by the prophet, And thou Bethlehem, in the land of Juda, art not the least among the princes of Juda: for out of thee shall come a Governor, that shall rule my people Israel.*

WRITTEN
PROPHET
BETHLEHEM
LAND
JUDA
LEAST
AMONG
PRINCES
SHALL
COME
GOVERNOR
RULE
PEOPLE
ISRAEL

# SON OF GOD

# Matthew 2:14-15

R E M A I N E D T N E W
F T R M D N D E W L Y Q
U H Z E I L H O N D H D
L B T G H P I E R P G Y
F P H A O T K H E E C K
I T E R E O O S C A H J
L O P G P D O M L R L R
L O D S Y J G L N O S Y
P K M Y Y P E R R N K V
B K J X D D T D N J V M

*Then Joseph got up, took the child and his mother by night, and went to Egypt, and remained there until the death of Herod. This was to fulfill what had been spoken by the LORD through the prophet, "Out of Egypt I have called my son."*

JOSEPH
TOOK
CHILD
MOTHER
NIGHT
WENT
EGYPT
REMAINED
DEATH
HEROD
FULFILL
SPOKEN
LORD
PROPHET
CALLED
SON

# NAZARENE

## Matthew 2:22b-23

H T E R A Z A N L M T P B
S T E H P O R P N O D M M
E N E R A Z A N W H R L Y
M E M W D T J N G M T B B
D E L L I F L U F C R M D
L L W D T T O D I D M V N
I I A T E R H R D R E A M
V L R R H L T D S P W G R
E A N T L S L A R T M D D
D G E K I T I A D E Y Z Y
Y L D D Z D T T C V W Y V

*Having been warned in a dream, he withdrew to the district of Galilee, and he went and lived in a town called Nazareth. So was fulfilled what was said through the prophets, that he would be called a Nazarene.*

WARNED
DREAM
WITHDREW
DISTRICT
GALILEE
LIVED
TOWN
NAZARETH
FULFILLED
SAID
THROUGH
PROPHETS
CALLED
NAZARENE

# THE BELOVED
# Matthew 3:16-17

G L X Q Q W N V T G E T M P
Y N Z T A M O W N M X D G Z
Z Z I T D I S I A B R T B Y
O H E D C E T C E Z I N Y K
P R E E N H Z L L R L D Z R
E L L A G E O I I S U S E J
N D E I V V C P T V W X R N
E M L A E E S S W P J K J N
D A L D S J N R E D A K N T
D O V E D E L S L D G B M M
Y D T L M O D Z L X Q D V M
Q W Q X G X G Q D N B X Y B

*And when Jesus had been baptized, just as he came up from the water, suddenly the heavens were opened to him and he saw the Spirit of God descending like a dove and alighting on him. And a voice from heaven said, "This is my Son, the Beloved, with whom I am well pleased."*

JESUS
BAPTIZED
CAME
WATER
HEAVENS
OPENED
SPIRIT
GOD
DESCENDING
DOVE
ALIGHTING
VOICE
SON
BELOVED
WELL
PLEASED

# THE BRIDEGROOM

# Matthew 9:15

B N E K A T W Q J N
R R J G U E S T S G
B K I Y D T D W R J
W W A D O M I A E J
Y W I N E T O S Y D
A N N C H G U U I S
G A T F O S R A R Z
C N A H Q M S O Z N
R S O N E T E X O N
T Y P L G N D D N M

*And Jesus said to them, "The wedding guests cannot mourn as long as the bridegroom is with them, can they? The days will come when the bridegroom is taken away from them, and then they will fast."*

JESUS
SAID
WEDDING
GUESTS
CANNOT
MOURN
LONG
BRIDEGROOM
WITH
DAYS
COME
TAKEN
AWAY
THEN
FAST

# SON OF DAVID

# Matthew 9:27-29

M P P D C D T E X D
E T W A N R V P E G
R Z O I S E Y W V S
C D L U I S O I U N
Y B A L C L E S N E
L F E V L H E D N G
O B A O I J E O Z E
R Z F I N D D D L S
D W Y O T Z X B E D
R D S V R H A Y M N

*And as Jesus passed on from there, two blind men followed him, crying aloud, "Have mercy on us, Son of David." When he entered the house, the blind men came to him, and Jesus said to them, "Do you believe that I am able to do this?" They said to him, "Yes, LORD." Then he touched their eyes, saying, "According to your faith be it done to you."*

JESUS
PASSED
BLIND
FOLLOWED
CRYING
MERCY
SON
DAVID
BELIEVE
ABLE
YES
LORD
TOUCHED
FAITH
DONE

# GOD'S DELIGHT

# Matthew 12:17-18

S P I R I T L T J D L
K T L E C I T S U J Z
L S N L P S Y E L B M
P E E W I T P H V X V
I R S N K F G O T O D
S V O L A U L E K E L
A A H C O T H U L E V
I N C R L P I I F Y N
A T H L O A G O L L K
H T X R B H I N N X Z
R Y P N T Y W M V S Y

*This was to fulfill what was spoken through the prophet Isaiah:*
*"Here is my servant whom I have chosen,*
*the one I love, in whom I delight;*
*I will put my Spirit on him,*
*and he will proclaim justice to the nations."*

FULFILL
SPOKEN
THROUGH
PROPHET
ISAIAH
SERVANT
CHOSEN
LOVE
DELIGHT
SPIRIT
PROCLAIM
JUSTICE
NATIONS

# PROCLAIMER OF THE HIDDEN

# Matthew 13:34-35

S P O K E N D L R O W
E F M Q W S H N N W F
L P U L Q T P Q V O D
B R K L U H J E U R P
A O L O F E I N A R P
R C M J S I D D O K C
A L N U D A L P D R M
P A S E T Y H L O E L
J I L I P E T W M J N
Y M O Y T O D L V J D
N N D M W S L T M M V

*Jesus told the crowds all these things in parables; without a parable he told them nothing. This was to fulfill what had been spoken through the prophet:*

*"I will open my mouth to speak in parables;*
*I will proclaim what has been hidden from the foundation of the world."*

JESUS
CROWDS
PARABLES
FULFILL
SPOKEN
PROPHET
OPEN
MOUTH
SPEAK
PROCLAIM
HIDDEN
FOUNDATION
WORLD

# THE CHRIST

# Matthew 16:15-17

C H R I S T L D M F
Y S J W B N E H A J
Y I X L Z L S T P J
L M O B A E H E E M
G O R E L E T S B N
D N V F R E U W E D
G E I N R S S V H D
R O O V T D A S N O
R S D Q I E N Q E Z
K M T Y H L J L Y D

*He said to them, "But who do you say that I am?" Simon Peter replied, "You are the Christ, the Son of the living God." And Jesus answered him, "Blessed are you, Simon Bar-Jonah! For flesh and blood has not revealed this to you, but my Father who is in heaven."*

WHO
SIMON
PETER
CHRIST
SON
LIVING
GOD
JESUS
BLESSED
FLESH
BLOOD
REVEALED
FATHER
HEAVEN

# THE PROPHET FROM NAZARETH

# Matthew 21:10-11

M B N Z X G D J N W T W
E D E R R I T S H O L Z
L N Z Y Q D Q O H Q M Q
A A S L J V L W M Q Z W
S Z Y D Y E N T E R E D
U A N S W E R E D P K C
R R T J P O E D R Y I T
E E T Z E L R O E T Y Y
J T M Y I S P C Y K T K
D H V L K H U W Q T S Z
P D A R E R V S P P P A
J G N T Z T K Z T D Y V

*When Jesus entered Jerusalem, the whole city was stirred and asked, "Who is this?"*
*The crowds answered, "This is Jesus, the prophet from Nazareth in Galilee."*

JESUS
ENTERED
JERUSALEM
WHOLE
CITY
STIRRED
ASKED
WHO
CROWDS
ANSWERED
PROPHET
NAZARETH
GALILEE

# ALL AUTHORITY

# Matthew 28:18-20a

N N G V S P S Z W J D L K T
Q X X N P G J O J E R J R D
W J P Q I M J Q N S L P K H
M A K E R H N G E U L L E K
W R U K I R C L R S J A W N
B Z Y T T M P A K L V R E H
A G Y N H I H Y E E K V O J
P S D P C O T L N T I L J T
T T N S N J R R T G Y D D F
I D I O M V A I Y E B O A R
Z D Q M I N E D T D T T W N
I N L L T T M Y P Y H Z R K
N V Z T L P A M J E M R D P
G Z M P B R K N R X G X L M

*Then Jesus came to them and said, "All authority in heaven and on earth has been given to me. Therefore go and make disciples of all nations, baptizing them in the name of the Father and of the Son and of the Holy Spirit, and teaching them to obey everything I have commanded you."*

JESUS
AUTHORITY
HEAVEN
EARTH
GIVEN
MAKE
DISCIPLES
NATIONS
BAPTIZING
FATHER
SON
HOLY
SPIRIT
TEACHING
OBEY

# HOLY ONE OF GOD

# Mark 1:23-24

I M M E D I A T E L Y Y Z
S C Y G N Z K B X K W L W
Y O L T O N R R N M M M V
N M O T O D N Y N R G J L
A E H W I J O A D E I R C
G N A Z A R E T H V B R J
O O Q Q T L I S R Y D R T
G H E S C T Y P U R R W L
U W E N B V Y J S S J T R
E D U X O B B B W D T N M

*And immediately there was in their synagogue a man with an unclean spirit. And he cried out, "What have you to do with us, Jesus of Nazareth? Have you come to destroy us? I know who you are—the Holy One of God."*

IMMEDIATELY
SYNAGOGUE
UNCLEAN
SPIRIT
CRIED
JESUS
NAZARETH
COME
DESTROY
KNOW
WHO
HOLY
ONE
GOD

# SON OF MARY

## Mark 6:2b-3

P Y M M V M S B M T T K P
R O Y K N W O R M J L Z L
N M W D C R R D E R N G J
X L B E A L E O S T Y W M
R Y Z J R Y F H T I S T N
R P R D P F D W T G W I R
D T O W E V J L D O Y D S
S N J N N S D N A H R J R
E E S B T B R N S M A B N
S E S D E E D A O M A E L
O R Y O R L D K E M V R T
N M B N J U J S M I I X Y
R P T M J Y Z P G T B S P

*They said, "Where did this man get all this? What is this wisdom that has been given to him? What deeds of power are being done by his hands! Is not this the carpenter, the son of Mary and brother of James and Joses and Judas and Simon, and are not his sisters here with us?" And they took offense at him.*

WISDOM
GIVEN
DEEDS
POWER
DONE
HANDS
CARPENTER
SON
MARY
BROTHER
JAMES
JOSES
JUDAS
SIMON
SISTERS
OFFENSE

# PROPHET

# Mark 6:4-5

T S V E T S P Y S
E L E O X E I E T
H H W L O C V C J
P N A P C I E E K
O L L N T A S P H
R E A A D U R O T
P J L E S S N I F
W E J Y H O M E M
R Y A L R B W Z T

*Jesus said to them, "A prophet is not without honor except in his own town, among his relatives and in his own home." He could not do any miracles there, except lay his hands on a few sick people and heal them.*

JESUS
PROPHET
HONOR
EXCEPT
TOWN
RELATIVES
HOME
MIRACLES
LAY
HANDS
FEW
SICK
PEOPLE
HEAL

# RABBI

# Mark 9:4-5

L T S V N M T D L L
T E D U O E E R H T
G N V S S R D S B X
N T E Q A E A L R V
I S P E L I J A H Z
K E P E D E B D D X
L P K O T B R R N W
A E O A I E D E R M
T G T Q M J R P H L

*And there appeared to them Elijah with Moses, and they were talking with Jesus. And Peter said to Jesus, "Rabbi, it is good that we are here. Let us make three tents, one for you and one for Moses and one for Elijah."*

APPEARED
ELIJAH
MOSES
TALKING
JESUS
PETER
SAID
RABBI
GOOD
HERE
LET
MAKE
THREE
TENTS

# SON OF THE BLESSED ONE

## Mark 14:61b-62

T P O W E R H I G H R L D Y
H T N X W R R J B J L R T Z
G T E M J R J S M A P N X S
I P P X V L D J Q R G R E N
R Y M Z D U Q J I R D A B L
D C X L O N H E N N T V I D
W M O L M A S L T E O Q Y N
D B C M I T D H D B R S M K
D T L S I Y N E L B R L J V
J N S E J N Y A K S Y G X W
T E D T S J G V W S U L J N
M T N Q T S K E W V A S D G
J Z A T N Q E N X Z B G E R
B M H Q X P L D G L X N K J

*Again the high priest asked him, "Are you the Messiah, the Son of the Blessed One?" Jesus said, "I am; and 'you will see the Son of Man seated at the right hand of the Power,' and 'coming with the clouds of heaven.'"*

AGAIN
HIGH
PRIEST
ASKED
MESSIAH
SON
BLESSED
ONE
JESUS
SEATED
RIGHT
HAND
POWER
COMING
CLOUDS
HEAVEN

# SON OF THE MOST HIGH

## Luke 1:32-33

A L D N H Y G J L T B Z Y
N V Q A D I D I S O N N T
C B M F V R G O V T J J Q
E K L T O I M H K E J M Q
S L I L T R D D P Y M L J
T G Z N N H E I S R A E L
O L R G G L R V E R Y V D
R G I E L D N O E W L N M
J E O A A X O D N R N J T
R W C D M T Y M B E B X R

*"He will be very great and will be called the Son of the Most High. The LORD God will give him the throne of his ancestor David. And he will reign over Israel forever; his Kingdom will never end!"*

VERY
GREAT
CALLED
SON
MOST
HIGH
LORD
GOD
GIVE
THRONE
ANCESTOR
DAVID
REIGN
ISRAEL
FOREVER
KINGDOM

# HORN OF SALVATION

## Luke 1:67-69

H R J Q L D D Z P R L
O B E O S E E E V Z L
U S R D S E O L E V L
S D A S E P R C L E B
E D E L L E H V A I D
T L E E V A M R A E F
B I T T R A S E S N D
H G R I I I T I D I T
O O A I D S A I V L M
L H R V P R I A O T T
Y T Q N G S D V D N W

*And his father Zechariah was filled with the Holy Spirit and prophesied, saying, "Blessed be the LORD God of Israel, for he has visited and redeemed his people and has raised up a horn of salvation for us in the house of his servant David."*

ZECHARIAH
FILLED
HOLY
SPIRIT
BLESSED
LORD
ISRAEL
VISITED
REDEEMED
PEOPLE
RAISED
HORN
SALVATION
HOUSE
SERVANT
DAVID

# SUNRISE

## Luke 1:76b-78

N Y W R L B T J D T G J Z T
O L Q B M V E R T O J H G N
I E P M Y W N W D G I G J D
T B G L L Z D L A G J V Q S
A M R D L K E Y H Y Y G S J
V T R Y E B R Z G B S E D P
L J W L E L E S I R N U S M
A P O F Z W W P R E P A R E
S R O Q Y T D O V S L G Y M
D R B C I T N I N G N Z V Y
E Y R S R M G B W K Y I L B
J E I Q D R T D N M B D S X
M V Z X O Q N Q M D X R Y N
T B K F Y G L B B D W G M Q

*"For you will go on before the LORD to prepare His ways;*
*To give His people the knowledge of salvation*
*By the forgiveness of their sins,*
*Because of the tender mercy of our God,*
*With which the Sunrise from on high will visit us."*

BEFORE
LORD
PREPARE
WAYS
KNOWLEDGE
SALVATION
FORGIVENESS
SINS
TENDER
MERCY
GOD
SUNRISE
HIGH
VISIT

# SAVIOR

## Luke 2:11-12

W R A P P E D H K Y
L S Y M W T A B B T
W B A B A I O A M D
C O T V S N B D R M
L R D S I N G O A W
O N E A W O L E G Y
T M S O V F R N R L
H R T I L I I V B V
S X J B G Y D N B N
V T J Y L N M P D Y

*"Today in the town of David a Savior has been born to you; he is the Messiah, the LORD. This will be a sign to you: You will find a baby wrapped in cloths and lying in a manger."*

TODAY
TOWN
DAVID
SAVIOR
BORN
MESSIAH
LORD
SIGN
FIND
BABY
WRAPPED
CLOTHS
LYING
MANGER

# CONSOLATION OF ISRAEL

## Luke 2:25-26

R E V E A L E D H Z L Y
T K I M P T Q L R O N B
U M S B E S I I Z O L T
O T R B I L G R I D S Y
V Y A M N H A T I I K H
E J E L T W A S R P T Q
D O L E N L A H U A S L
N B O W O D C I E R J T
Z U N S R D Y D T B E L
S D N O M G Y L Z I W J
Q O L J T R L R L J N T
C M J L J R W G J Y L G

*Now there was a man in Jerusalem, whose name was Simeon, and this man was righteous and devout, waiting for the consolation of Israel, and the Holy Spirit was upon him. And it had been revealed to him by the Holy Spirit that he would not see death before he had seen the LORD's Christ.*

JERUSALEM
SIMEON
RIGHTEOUS
DEVOUT
WAITING
CONSOLATION
ISRAEL
HOLY
SPIRIT
REVEALED
DEATH
LORD
CHRIST

# MASTER

# Luke 5:4-6

G Y G N I K A E R B
N I G H T Y N N B N
I P E E D C U N E W
H S I F L M M T S X
T Q D O B A S I P L
O Q S E S C M R A V
N E R T L O A R R D
D W E M N I G T R D
Q R O Q K E O O C L
Y L T D L Z W T M H

*And when he had finished speaking, he said to Simon, "Put out into the deep and let down your nets for a catch." And Simon answered, "Master, we toiled all night and took nothing! But at your word I will let down the nets." And when they had done this, they enclosed a large number of fish, and their nets were breaking.*

SIMON
DEEP
NETS
CATCH
MASTER
TOILED
NIGHT
NOTHING
WORD
DOWN
ENCLOSED
LARGE
NUMBER
FISH
BREAKING

# THE CHRIST OF GOD

## Luke 9:18b-20

D S R E H T O L G W
N E L I J A H D C B
S Z R T Y Y S H L Y
T G R E S D R R T O
E R G A W I I J D Y
H V E O S S T N Y V
P N R T E K N P S N
O C G N E H E A A D
R K O Y O P Y D Q B
P T D J V R T R B L

*And he asked them, "Who do the crowds say that I am?" And they answered, "John the Baptist. But others say, Elijah, and others, that one of the prophets of old has risen." Then he said to them, "But who do you say that I am?" And Peter answered, "The Christ of God."*

ASKED
CROWDS
ANSWERED
JOHN
BAPTIST
OTHERS
ELIJAH
PROPHETS
OLD
RISEN
SAY
PETER
CHRIST
GOD

# SON OF MAN

## Luke 19:9-10

D N O I T A V L A S
B E H I M S E L F P
L A D J E S U S G W
C T B N G K H N T N
H O O R O E E O N N
O L M D A P U E W W
M G O E A H S R S N
E S V S M Y A E T P
B A O M T A L M R R
S R T N D D N Y J J

*Jesus responded, "Salvation has come to this home today, for this man has shown himself to be a true son of Abraham. For the Son of Man came to seek and save those who are lost."*

JESUS
RESPONDED
SALVATION
COME
HOME
TODAY
SHOWN
HIMSELF
TRUE
ABRAHAM
SON
MAN
SEEK
SAVE
LOST

# CHOSEN ONE

## Luke 23:35

H I M S E L F V M J
E G C H O S E N W N
R N D N D D X A D X
U I O M O D T E S D
L Y P O D C F R O T
E A T E H F E G S X
R S V I O H Y I L M
S A N C T P R V L V
S G S O X H L B B P
L L D K C T J E Y L

*And the people stood by, watching, but the rulers scoffed at him, saying, "He saved others; let him save himself, if he is the Christ of God, his Chosen One!"*

PEOPLE
STOOD
WATCHING
RULERS
SCOFFED
SAYING
SAVED
OTHERS
HIMSELF
CHRIST
GOD
CHOSEN
ONE

# KING OF THE JEWS

## Luke 23:36-38

N O I T P I R C S N I R
F S O F F E R I N G L D
L A Z W G J J S V B B Q
E V T R V N R E G L Z D
S E G K A E I N W M N Y
R R D N I L I K O S W T
U E R D I Y S C E N I W
O V L U A M K O Z Q J Y
Y O B S O E O J V N Q M
S J X T D S G C T D W T

*The soldiers also mocked him, coming up and offering him sour wine and saying, "If you are the King of the Jews, save yourself!" There was also an inscription over him, "This is the King of the Jews."*

SOLDIERS
ALSO
MOCKED
COMING
OFFERING
SOUR
WINE
SAYING
KING
JEWS
SAVE
YOURSELF
INSCRIPTION
OVER

# THE WORD

# John 1:1-5

D A R K N E S S E D B L Y G
E M O C R E V O V D S L J N
W X G N I H T O N H A Z Y L
O L I F E H R S I N G M I L
R G B Q R L Y N G N T G K Z
D O R O J R E G I N H Y J V
V D U L M S L N M T I N K T
D G X L W A N M N M L H G M
H V T A N I N L X J N G T B
R T X J G B T K G N P R X R
T X D E J R Q H I R D M K Y
Z Z B N R Z N Y L N N J P D
P Q D B Z Z P N Q Z D Y V J

*In the beginning was the Word, and the Word was with God, and the Word was God. He was with God in the beginning. Through him all things were made; without him nothing was made that has been made. In him was life, and that life was the light of all mankind. The light shines in the darkness, and the darkness has not overcome it.*

BEGINNING
WORD
WITH
GOD
THROUGH
ALL
THINGS
MADE
NOTHING
LIFE
LIGHT
MANKIND
SHINES
DARKNESS
OVERCOME

# TRUE LIGHT

## John 1:6-9

E V E I L E B Z P R J K M
V T Q M B G P G M V Y B T
E L S X M G T M N N T E V
R G D I T H G I L I S P N
Y Z W I T N E S S T M L T
O L Y T N P J D I Z T O P
N Q L J L Z A M D S E L C
E T O E J D O B W U E M R
D H D G T N Z B R O L N T
N O X M Y X T T L Q R G T
G M V J K J G R N L V L K
V Z L R L N V M R L Z K D

*God sent a man, John the Baptist, to tell about the light so that everyone might believe because of his testimony. John himself was not the light; he was simply a witness to tell about the light. The one who is the true light, who gives light to everyone, was coming into the world.*

GOD
SENT
JOHN
BAPTIST
TELL
EVERYONE
BELIEVE
TESTIMONY
WITNESS
TRUE
LIGHT
COMING
WORLD

# THE ONE AND ONLY SON

## John 1:17-18

P I H S N O I T A L E R Q
S E E N T J E S U S L N Y
P K G C N S B Y J A K W P
V E A M R B E D W L X R W
C M C W N E T S G I V E N
E H D A H T H W O E N O K
K Y R T R O T T X L N Q P
J W U I L G N K A W C W M
B R S E S O M L O F N K R
T D W M N T J N Y O Y Y N
Q N B X B J K X S K L P B

*For the law was given through Moses; grace and truth came through Jesus Christ. No one has ever seen God, but the one and only Son, who is himself God and is in closest relationship with the Father, has made him known.*

LAW
GIVEN
MOSES
GRACE
TRUTH
CAME
JESUS
CHRIST
SEEN
ONE
ONLY
SON
CLOSEST
RELATIONSHIP
FATHER
KNOWN

# THE LAMB OF GOD

# John 1:29-30

G M P J D B Y G M M X N P
M R R R R M S T O T G Z R
Y L Q Z D E B D J D N R D
W S I N M R M Z D E R E S
B E F O R E D R J E S E J
T G C W N L A L T S K U Y
M L J A R W B F A A L B S
L V M O O N A P T L O O K
A X W T H E R R L L Z M N
W L B O N U V W X A R Y X
A X J O S D Y D B D M X N
Y K N P D N R L T R L B K

*The next day John saw Jesus coming toward him and said, "Look, the Lamb of God, who takes away the sin of the world! This is the one I meant when I said, 'A man who comes after me has surpassed me because he was before me.'"*

JOHN
JESUS
TOWARD
LOOK
LAMB
GOD
TAKES
AWAY
SIN
WORLD
ONE
MAN
COMES
AFTER
SURPASSED
BEFORE

# MESSIAH

## John 1:40-41

R W J N H O J M V R
E E E W P T E K L D
H R S T M S P M E Z
T D U B S T I W L J
O N S I S R O M V P
R A A I D L E D O T
B H R W L R N T O N
M H R O E U A L E X
C E F D O N D E M P
Y Y N F G N T G H L

*Andrew, Simon Peter's brother, was one of these men who heard what John said and then followed Jesus. Andrew went to find his brother, Simon, and told him, "We have found the Messiah" (which means "Christ").*

ANDREW
SIMON
PETER
BROTHER
MEN
HEARD
JOHN
FOLLOWED
JESUS
WENT
TOLD
FOUND
MESSIAH
CHRIST

# THE BREAD OF GOD

## John 6:32-33

X K V G E T G O D M T T
Q T D D X F X B Y B J D
R Y Q L Z H I M P R J Z
E K L Y R S E L O G M V
H Q V T N O U A N S D Q
T J L E T V W S V A E D
A J V R E V L T E E X S
F I U R E K T R D J N Z
G L Y P D U B S E M O C
Y T E L L O R P N X B N
Y J N K R K W T D W R Z
L M K L Q J P N T N Z B

*Jesus said to them, "Very truly I tell you, it is not Moses who has given you the bread from heaven, but it is my Father who gives you the true bread from heaven. For the bread of God is the bread that comes down from heaven and gives life to the world."*

JESUS
VERY
TRULY
TELL
MOSES
GIVEN
HEAVEN
FATHER
TRUE
BREAD
GOD
COMES
DOWN
LIFE
WORLD

# THE BREAD OF LIFE

## John 6:35

M D Q D W T J G B Z N S
R R N T H I R S T Y U D
Y B B R O X V X Q S N Z
B B T Y E B J X E Z W Q
K E D M V S R J L B M T
C N L Z E L A E R B D G
N O Z I R H B I A R L L
T E M M E T U R D D D E
P N V E D V M N L L F N
P Y M E S T E L G I D Q
M R Q Z R Z I S L R G N
Y J T J W W Z D Q Z Y V

*Jesus said to them, "I am the bread of life. Whoever comes to me will never be hungry, and whoever believes in me will never be thirsty."*

JESUS
SAID
BREAD
LIFE
WHOEVER
COMES
WILL
NEVER
HUNGRY
BELIEVES
THIRSTY

# LIFE OF THE WORLD

## John 6:51

| | | | | | | | | | | | |
|---|---|---|---|---|---|---|---|---|---|---|---|
| Y | B | N | W | D | M | L | F | A | T | G | Q |
| G | Y | Y | A | R | H | O | N | C | Y | B | Q |
| T | N | E | X | E | R | Y | A | W | Y | B | D |
| F | R | I | A | E | O | M | O | E | V | I | G |
| B | L | V | V | N | E | R | N | N | D | Z | G |
| W | E | E | E | I | L | F | W | T | H | I | S |
| N | R | A | S | D | L | O | I | T | X | L | D |
| N | D | T | J | H | D | B | B | L | L | L | J |
| M | B | S | W | I | L | L | L | I | V | E | N |

*"I am the living bread that came down from heaven. If anyone eats of this bread, he will live forever. And the bread that I will give for the life of the world is my flesh."*

LIVING
BREAD
CAME
DOWN
HEAVEN
ANYONE
EATS
THIS
WILL
LIVE
FOREVER
GIVE
LIFE
WORLD
FLESH

# THE LIGHT OF THE WORLD

## John 8:12

E L E A D S K L A W D W J
L Q M E W B Z P B R J Y Q
P D O V L T J Y J Z R R M
O W R A R D E M Y T Y R W
E Y E H Q K X M N N B O V
P R D R O T R Q D J R T T
K Y T P H W E A T L M E R
M R S G O L R S D M C R L
L R I L G K S M U N R T L
L L L D N Z M U O A J N R
Z O I E X R Y Z S T C K Y
F B S F Y J X Q P E R E J
T S D B E B M L D T J N B

*Jesus spoke to the people once more and said, "I am the light of the world. If you follow me, you won't have to walk in darkness, because you will have the light that leads to life."*

JESUS
SPOKE
PEOPLE
ONCE
MORE
LIGHT
WORLD
FOLLOW
WALK
DARKNESS
BECAUSE
HAVE
LEADS
LIFE

# THE TRUTH

# John 8:31-32

T B D M D W T W M M D B
H S T E A C H I N G B M
E E R J J T B L D D Y Q
N L G E U E S L E T Z R
E P T R A E S V D L O H
E I T T T L E U R B R T
R C S J B I L L S J N Q
F S D W L R W Y D R T L
M I T E E O Y D B D X R
J D B T N J T Q M M D B
K Z X K Q N R W D T P W

*To the Jews who had believed him, Jesus said, "If you hold to my teaching, you are really my disciples. Then you will know the truth, and the truth will set you free."*

JEWS
BELIEVED
JESUS
HOLD
TEACHING
REALLY
DISCIPLES
THEN
WILL
KNOW
TRUTH
SET
FREE

# SON WHO SETS FREE

## John 8:34-36

Y J Z Y L Y N B Z D R Y E
P E R M A N E N T E L E M
H E V A L S V T B I R X X
S T S T E S X M M F T Y W
N X U F W N E A L M E P J
I R N R O M F T V V T J M
S G Z M T R Y T E W E V B
D N Z D J D E R T S R Z Y
T E L L M T Y V U J L Y Y
N N L P S O R S E K M J Q
L X K N N O M A G R P X R
R D V E M N N Y P B Y R Y

*Jesus replied, "I tell you the truth, everyone who sins is a slave of sin. A slave is not a permanent member of the family, but a son is part of the family forever. So if the Son sets you free, you are truly free."*

JESUS
TELL
TRUTH
EVERYONE
SINS
SLAVE
PERMANENT
MEMBER
FAMILY
SON
PART
FOREVER
SETS
FREE

# I AM

# John 8:57-58

D N R O B Y K N E V E
E P M B D T T J N J W
R A E L D F S B L J T
E M O O R I D E B Z Y
W M A Y P F A E E Y G
S J J H T L F S E N W
N N E R A O E A X T T
A M U S R R R Y E G P
T T Q E U S B L S A Y
H Z Y W Z S L A Z K D

*The people said, "You aren't even fifty years old. How can you say you have seen Abraham?"*
*Jesus answered, "I tell you the truth, before Abraham was even born, I AM!"*

PEOPLE
SAID
EVEN
FIFTY
YEARS
OLD
SAY
SEEN

ABRAHAM
JESUS
ANSWERED
TELL
TRUTH
BEFORE
BORN
AM

# THE DOOR

# John 10:5-7

U R Y N N D J N F R X R
N L E W V E L O M R Z Y
D P P G S O L O G L B P
E K Q U N L I N T L P B
R T S N O A I C T W N G
S B H W L Y R T E L K P
T K M I A S R T N A E M
A D N S N U H T S R L N
N O L O L G Z E F L E E
D O K Y W T S V E B X D
Y R J Q Y K R V M P X Y

*"However, a stranger they simply will not follow, but will flee from him, because they do not know the voice of strangers." Jesus told them this figure of speech, but they did not understand what the things which He was saying to them meant. So Jesus said to them again, "Truly, truly I say to you, I am the door of the sheep."*

STRANGER
FOLLOW
FLEE
KNOW
VOICE
JESUS
TOLD
UNDERSTAND
THINGS
SAYING
MEANT
TRULY
DOOR
SHEEP

# THE GATE

## John 10:8-9

D G P A S T U R E J D M T
E L A E G R E L S G D Y M
N R Z T R V E R L T N Z T
E S D T E O E T H A X N D
T N H O H B F R N M G J B
S S H E B I O E Z E L D X
I W A O E U E M B D N I F
L Q R V G P M V J L Q K N
D K M H E M O J E J L N T
T Y N P B D C R M S M Q Y

*All who have come before me are thieves and robbers, but the sheep have not listened to them. I am the gate; whoever enters through me will be saved. They will come in and go out, and find pasture.*

ALL
COME
BEFORE
THIEVES
ROBBERS
SHEEP
LISTENED
GATE
WHOEVER
ENTERS
THROUGH
SAVED
FIND
PASTURE

# THE GOOD SHEPHERD

## John 10:14-16

S V O I C E D O N Z
H K C O L F O N N J
E G J B R Q O E U R
P P N J L L G S E Y
H E R J K N T H T G
E E J E E N T W N D
R H F T H O O I M N
D S S I L T R W W L
M I D A L B A O N Y
L R Y J V G D F X M

*"I am the good shepherd; I know my sheep and my sheep know me—just as the Father knows me and I know the Father—and I lay down my life for the sheep. I have other sheep that are not of this sheep pen. I must bring them also. They too will listen to my voice, and there shall be one flock and one shepherd."*

GOOD
SHEPHERD
KNOW
SHEEP
JUST
FATHER
LAY
DOWN
LIFE
OTHER
BRING
LISTEN
VOICE
ONE
FLOCK

# THE RESURRECTION AND THE LIFE

## John 11:25-26

W Y B P S D L E M M D T J
N M D J U D V R V M N T Y
M O W Z S L Q K B E H T E
B D I J E T I L E O N V Y
R E S T J D K V U S E Y T
Y E L A C M D G E R O M T
M J V I I E H Y Y J K H L
W X D E E D R O J L Y L T
L I K L N V N R I N I X N
E R G N X E E F U W G M N
B N T P Y R E N L S Z N N
Y M M Y D L W P R J E L Q
W V X L V D D D G T D R V

*Jesus said to her, "I am the resurrection and the life. Those who believe in me, even though they die, will live, and everyone who lives and believes in me will never die. Do you believe this?"*

JESUS
SAID
RESURRECTION
LIFE
THOSE
BELIEVE
EVEN
THOUGH
DIE
WILL
LIVE
EVERYONE
NEVER

# TEACHER

## John 11:27-29

V M Z M E S S I A H T Z
M X G E N Y X M S W Y R
P T M D A T L R D L S Z
S O M W Y D E E E E V M
C O L G T N V T Y D P L
G A N T R E A J L S X B
W J R U I I A R B E Q K
A L O L D M O C W E N T
N M E E N W A L H G J D
T B M V L L O R D E O L
S M Q P K K Q N Y N R D
I Q X J T Q N X R X Q V

*"Yes, LORD," she told him. "I have always believed you are the Messiah, the Son of God, the one who has come into the world from God." Then she returned to Mary. She called Mary aside from the mourners and told her, "The Teacher is here and wants to see you." So Mary immediately went to him.*

YES
LORD
ALWAYS
BELIEVED
MESSIAH
SON
GOD
COME
WORLD
MARY
MOURNERS
TEACHER
WANTS
SEE
IMMEDIATELY
WENT

# THE WAY

# John 14:6-7

K N O W E S T D H
A D R F J P E G Y
D N I M E E U E Y
F L S C C O S L N
A Y X W R O L U H
T E W H E A M T S
H W T E E R U E K
E A W R L R E V S
R Y X Z T L N D J

*Jesus answered, "I am the way and the truth and the life. No one comes to the Father except through me. If you really know me, you will know my Father as well. From now on, you do know him and have seen him."*

JESUS
ANSWERED
WAY
TRUTH
LIFE
COMES
FATHER
EXCEPT
THROUGH
REALLY
KNOW
WELL
SEEN

# HELPER

# John 14:16-17

C L T N Y T Y D Q H Y D Z V
A K N R F A T H E R L N X Y
N B D E Z D Y L D R K K X K
N G R V J Q P W O M R M B S
O J V E N E M W E G Q M L N
T Y R R R B S V J B I L R H
X N Y O K R I P G K E V T Y
W Y M F M E E N I W Q U E K
G D L J C N E H D R R Y N J
K Y S E M I T Z T T I O L X
S B R E T L B Z B O W T Z R
A V K H E G T L T S N N M B
P J E L P S D P Q P K A P V
Z R N L Z J P P J D K V M G

*And I will ask the Father, and he will give you another Helper, to be with you forever, even the Spirit of truth, whom the world cannot receive, because it neither sees him nor knows him. You know him, for he dwells with you and will be in you.*

ASK
FATHER
GIVE
ANOTHER
HELPER
FOREVER
SPIRIT
TRUTH
WORLD
CANNOT
RECEIVE
NEITHER
SEES
KNOWS
DWELLS

# THE TRUE GRAPEVINE

## John 15:1-3

M R W Y T M P G W W V V Q M
S A R X N T O E Y N X R T Q
D E R B I C U R P R Q D D Q
T B N U X R U R E Y M V T B
B R R U T H O T R X W P P Y
D F N T R D C E S Y V G Z R
P R X R U P V N W L R M K L
U Y E C M E K P A A J Q J N
R D E N Q E R T P R R M E N
I A G D E R S E R V B N J Q
F E J Q Y D V S D E I D M N
I R N Z R I R J A M H M Y Y
E L Z P N V Y A G G N T N M
D A P E Y J M Z G D E R A P
G M T T Z J M T G V T Q X F

*"I am the true grapevine, and my Father is the gardener. He cuts off every branch of mine that doesn't produce fruit, and he prunes the branches that do bear fruit so they will produce even more. You have already been pruned and purified by the message I have given you."*

TRUE
GRAPEVINE
FATHER
GARDENER
CUTS
EVERY
BRANCH
MINE
PRODUCE
FRUIT
PRUNES
BEAR
MORE
ALREADY
PURIFIED
MESSAGE

# RABBONI

## John 20:15b-17

D T M M M X R M S T R D G
W E B M S A L U E L T R M
P L Q U B G P A V M X X X
D L S B X P C G D B L Z X
R E O D O H A S V L K M X
J N N S E R C I A M A R A
I D I R D I Y A B I Y D Z
Z N I E U R R T W K D M T
G T N A A T Y R N A R G D
D E D M L D B K A D Y Q L
R L Z P R D R V B C Y W B

*Supposing him to be the gardener, she said to him, "Sir, if you have carried him away, tell me where you have laid him, and I will take him away." Jesus said to her, "Mary." She turned and said to him in Aramaic, "Rabboni!" (which means Teacher).*

SUPPOSING
GARDENER
CARRIED
AWAY
TELL
LAID
JESUS
SAID
MARY
TURNED
ARAMAIC
RABBONI
TEACHER

# LORD

# John 20:27-28

D D S T L D T B X N D J
E O B A P R W D T V B N
R U M E M M K G T B Y W
E B F N L O J W Y B B H
W T V I M I H J B M A L
S T G B N G E T H N Y T
N D L R M G X V D E M W
A R E A C H E S E R R Y
S Y Y M B Q D R M D O E
T A T N E G I B R W W L
P U I E O L S B R D J Z
P D S D J D Q Y B P Y X

*Then he said to Thomas, "Put your finger here and see my hands. Reach out your hand and put it in my side. Do not doubt but believe." Thomas answered him, "My LORD and my God!"*

SAID
THOMAS
PUT
FINGER
HERE
SEE
HANDS
REACH
SIDE
DOUBT
BELIEVE
ANSWERED
LORD
GOD

# THE AUTHOR OF LIFE

## Acts 3:14-15

A L T P V L D K V D G Q
S N I V P E D R J Q K Q
K L L F T N E R B Q J W
E P D N E R D R V S I T
D N A Y E E L Y U T N R
D R Q D A D D O N H O B
G E R D D E E E O H D Y
M U N J S T S L T E G K
M L W I H S Y U L M N B
G J A G E B A R T I D O
O R I S J D Y R B X K Z
D R X Q Q K K L T L L L

*But you denied the Holy and Righteous One, and asked for a murderer to be granted to you, and you killed the Author of life, whom God raised from the dead. To this we are witnesses.*

DENIED
HOLY
RIGHTEOUS
ONE
ASKED
MURDERER
GRANTED
KILLED
AUTHOR
LIFE
GOD
RAISED
DEAD
WITNESSES

# GOD'S SERVANT

# Acts 3:25-26

X C Y W B T M T P G T K
R Q O N F T N R S U P D
H A Y V Y A O A R R E J
M C N T E P M N V S I T
A D A C H N I I C R D F
H Z E E E N A E L E E T
A R T S G S N N K I E S
R S A R S D T C T A E D
B R K I A E I O R N P S
A G T N S W L T R D E M
T Z T N Y E H B D S O S
Z S M J K K D L D Y R G

*"You are the descendants of the prophets and of the covenant that God gave to your ancestors, saying to Abraham, 'And in your descendants all the families of the earth shall be blessed.' When God raised up his servant, he sent him first to you, to bless you by turning each of you from your wicked ways."*

DESCENDANTS
PROPHETS
COVENANT
ANCESTORS
ABRAHAM
FAMILIES
EARTH
BLESSED
GOD
RAISED
SERVANT
SENT
FIRST
TURNING
EACH
WICKED

# THE STONE THE BUILDERS REJECTED

## Acts 4:10-11

T D P O W E R F U L
R L E A R S I S D L
C R K I D S R X N T
H N E E F E T A K R
R E A J D I Z O A G
I D A L E A C I N S
S E I L R C S U U E
T U M E E E T S R D
B Y N A D D E E O C
M E N M N J W G D J

*"Let me clearly state to all of you and to all the people of Israel that he was healed by the powerful name of Jesus Christ the Nazarene, the man you crucified but whom God raised from the dead. For Jesus is the one referred to in the Scriptures, where it says,*

*'The stone that you builders rejected has now become the cornerstone.'"*

ISRAEL
HEALED
POWERFUL
NAME
JESUS
CHRIST
NAZARENE
CRUCIFIED
GOD
RAISED
DEAD
STONE
BUILDERS
REJECTED

# THE NAME BY WHICH WE MUST BE SAVED

## Acts 4:12

R N B M U S T X B T
P E E T N G J P Y M
M P H V T S B N M P
N O I T A V L A S N
A Y R V O E L S E R
M Q E T N P H L E T
O D Z E A C Y D M E
N Z V B I L N M M L
G I N H W U S A V G
G J W P K T N Z K J

*"There is salvation in no one else, for there is no other name under heaven given among mortals by which we must be saved."*

SALVATION
ELSE
OTHER
NAME
UNDER
HEAVEN
GIVEN
AMONG
MORTALS
WHICH
MUST
SAVED

# HOLY CHILD

## Acts 4:27-28

E L P O E P C E N O D
D T P H S H D T L E J
M E O I I U O O R B A
S L N L L G S E R N Y
Y E D I E A H E O E P
I N L T M T T I J O H
J S H I A R N E N L H
H E R G T T E T Y T R
R A P A E N I T U T D
B N N D E U E R E V J
D V M D S L T G X D Y

*For of a truth against thy holy child Jesus, whom thou hast anointed, both Herod, and Pontius Pilate, with the Gentiles, and the people of Israel, were gathered together,*
*For to do whatsoever thy hand and thy counsel determined before to be done.*

TRUTH
HOLY
CHILD
JESUS
ANOINTED
HEROD
PONTIUS
PILATE
GENTILES
PEOPLE
ISRAEL
GATHERED
TOGETHER
HAND
DETERMINED
DONE

# HOLY SERVANT

## Acts 4:29-30

M P M H W O N D E R S
I S R D E W O R D S L
R E Q E T A E H U K N
A R G R A W L S A S M
C V R T O C E I S N H
U A E P L J H E N C D
L N A Y R O N I T G E
O T T A H D R E N V R
U B E L L O R D I G J
S H R O N T L G Y X B
B V B X S D T Y J R Z

*And now, O LORD, hear their threats, and give us, your servants, great boldness in preaching your word. Stretch out your hand with healing power; may miraculous signs and wonders be done through the name of your holy servant Jesus.*

LORD
HEAR
GIVE
GREAT
BOLDNESS
PREACHING
WORD
STRETCH
HAND
HEALING
POWER
MIRACULOUS
WONDERS
HOLY
SERVANT
JESUS

# THE RIGHTEOUS ONE

## Acts 7:52-53

P E R S E C U T E W A L
D D D X M N S S K D M D
E R L N T U R L E V E M
L D I B A E R C E Y D N
I P Y G H H N D A G R P
V B R T H U E R E E N K
E C A O O T T R C R I A
R F O N P E E E O L E N
E K N M B H I O L F N D
D A E B I V E E U O E W
T R Q E E N D T J S N B
D M J D P G G B S N Z E

*"Which of the prophets did your fathers not persecute? And they killed those who announced beforehand the coming of the Righteous One, whom you have now betrayed and murdered, you who received the law as delivered by angels and did not keep it."*

PROPHETS
FATHERS
PERSECUTE
KILLED
ANNOUNCED
BEFOREHAND
COMING
RIGHTEOUS
ONE
BETRAYED
MURDERED
RECEIVED
LAW
DELIVERED
ANGELS
KEEP

# LORD OF ALL

# Acts 10:34-36

U G N I H C A E R P M J M
E N A C C E P T A B L E R
G O D Y R E R R F E A R S
A I G E A E T T N P V V Y
S T I C R I T O T H G I R
S A E S A S Y E S P E A K
E N L L R N T U P D T Q N
M L I W A A S A R K N Q K
A T D Z G E E O N K B N N
Y Q R X J Z L L D D L T R

*Then Peter began to speak to them: "I truly understand that God shows no partiality, but in every nation anyone who fears him and does what is right is acceptable to him. You know the message he sent to the people of Israel, preaching peace by Jesus Christ—he is LORD of all."*

PETER
SPEAK
UNDERSTAND
PARTIALITY
NATION
ANYONE
FEARS
RIGHT
ACCEPTABLE
MESSAGE
ISRAEL
PREACHING
PEACE
JESUS
LORD
ALL

# JUDGE

## Acts 10:41-42

Q A D N R N D D S T C
K P P R Z M E E E O D
P E O P L E S S M A R
S E X X O S D M O O D
E T N M E I A R S H Q
E A E N G N N E A H C
N E T S D N D T C N M
L I G E T O I A E M K
W R D D G I E V T D Y
D R R X U R F N I Y D
K B M V P J R Y V L D

*He was not seen by all the people, but by witnesses whom God had already chosen—by us who ate and drank with him after he rose from the dead. He commanded us to preach to the people and to testify that he is the one whom God appointed as judge of the living and the dead.*

SEEN
PEOPLE
WITNESSES
GOD
CHOSEN
ATE
DRANK
ROSE
DEAD
COMMANDED
PREACH
TESTIFY
APPOINTED
JUDGE
LIVING

# GOD BLESSED

# *Romans 9:4-5*

I M E S S I A H L X B B
D S A D O P T I O N L L
S T R B W Q G Y M P N R
S T R A F O R N A T T N
E Y N X E O R T O D Y G
S D D A L L R S N L N P
I D E G N I I E H I E X
M F O S A E T T V I L B
O D L R S N V I E E P X
R L C E N E G O K S R B
P H A P S P L D C K R V
S T G W D H M B X G N L

*They are Israelites, and to them belong the adoption, the glory, the covenants, the giving of the law, the worship, and the promises; to them belong the patriarchs, and from them, according to the flesh, comes the Messiah, who is over all, God blessed forever. Amen.*

ISRAELITES
BELONG
ADOPTION
GLORY
COVENANTS
GIVING
LAW
WORSHIP
PROMISES
PATRIARCHS
FLESH
MESSIAH
GOD
BLESSED
FOREVER

# THE DELIVERER

## Romans 11:26-27

G M J M T J X N T N J
D O T N A N E V O C J
E D D W R I T T E N A
L Z T L S A V E D L M
I B I U E M T T L Z Y
V Y O O R S R A W T L
E A R C N N S W K E D
R W S Q A Y Q N A E C
E A I M A J N R E O T
R W N W Z T S Z M S T
R D S Z B I W E K L S

*And in this way all Israel will be saved.*
*As it is written:*
*"The deliverer will come from Zion;*
*he will turn godlessness away from*
*Jacob.*
*And this is my covenant with them*
*when I take away their sins."*

WAY
ALL
ISRAEL
SAVED
WRITTEN
DELIVERER
COME
ZION
TURN
GODLESSNESS
AWAY
JACOB
COVENANT
TAKE
SINS

# POWER FROM GOD

# 1 Corinthians 1:22-24

T D J S B P B S G J F
K V E L E O R N W O X
K C O I T L I E O E G
W C H H F L I L A R J
K I Y R B I I T E C C
R T S M I S C E N A H
D E U D H S K U L E S
D T W N O S T L R N G
S O E O T M E T G C T
J S G P P D B I M L M
S B M Y J W S Z W G K

*For indeed Jews ask for signs and Greeks search for wisdom; but we preach Christ crucified, to Jews a stumbling block, and to Gentiles foolishness, but to those who are the called, both Jews and Greeks, Christ the power of God and the wisdom of God.*

JEWS
SIGNS
GREEKS
WISDOM
PREACH
CHRIST
CRUCIFIED
STUMBLING
BLOCK
GENTILES
FOOLISHNESS
CALLED
BOTH
POWER
GOD

# WISDOM FROM GOD

# 1 Corinthians 1:30-31

S Q M T Y D N G B J N L B S
T A J B E C A M E O L R S Y
S L N K M R R J N T A E J R
I R V C K L E E D Z N S J V
R L E J T S W Q D S Q Y T W
H S B D U I J R U R D O G S
C G O S E L F O I L O R D V
K V T U Q M E I M T D Z M D
R P T K R T P B C O T L P T
P L N T H C B T L A D E Y Z
N N L G R M E L I G T S N Y
P B I Q W J X Y I O R I I L
J R X N N N K B Y F N B O W
L B M P N T L T T Q E Q Y N

*He is the source of your life in Christ Jesus, who became for us wisdom from God, and righteousness and sanctification and redemption, in order that, as it is written, "Let the one who boasts, boast in the LORD."*

SOURCE
LIFE
CHRIST
JESUS
BECAME
WISDOM
GOD
RIGHTEOUSNESS
SANCTIFICATION
REDEMPTION
ORDER
WRITTEN
BOASTS
LORD

# LORD OF GLORY

# 1 Corinthians 2:7-8

D D L M S V J N Y C Z D V
O E T X R E E K R J J N G
O E X L T D C U S P E A K
T R Q G D G C R R T R Q M
S C Q I L I M B E U D Y K
R E H O F O E Z L T P R D
E D R I D F S E H C I H W
D Y E S O D R E N J D T M
N D I R R S D M G O K T Y
U W E O V L M B G A N B W
G J L D X J T M L M Z D D

*But we speak God's wisdom, secret and hidden, which God decreed before the ages for our glory. None of the rulers of this age understood this; for if they had, they would not have crucified the LORD of glory.*

SPEAK
WISDOM
SECRET
HIDDEN
WHICH
GOD
DECREED
BEFORE
AGES
NONE
RULERS
UNDERSTOOD
CRUCIFIED
LORD
GLORY

# OUR PASSOVER LAMB

# 1 Corinthians 5:7-8

U S Z R C H R I S T D
N F S N E M T T G E D
L Y E E R V H U C V K
E D T S N C O I R E L
A I T I T D F S E T T
V R M A R I E P S V L
E Y B A R E V K D A D
N M E C L L C A C M P
E O A A A I E N L I J
D S L M S R C P I J W
Z P B D B T N E D S J

*Get rid of the old yeast, so that you may be a new unleavened batch—as you really are. For Christ, our Passover lamb, has been sacrificed. Therefore let us keep the Festival, not with the old bread leavened with malice and wickedness, but with the unleavened bread of sincerity and truth.*

RID
OLD
YEAST
UNLEAVENED
BATCH
CHRIST
PASSOVER
LAMB
SACRIFICED
KEEP
FESTIVAL
BREAD
MALICE
WICKEDNESS
SINCERITY
TRUTH

# THE ROCK

# 1 Corinthians 10:2-4

F O L L O W E R S T B M
D J S Z K T B T R S Z Y
F E G E S C R M P A E S
O P Z I S A O I X C M N
O X R I V O R R L T M Q
D H B E T I M O D R N B
C Q L E T P U R E M Q Q
Q E M U L D A T Q A D L
D A A L R N A B T D R D
S L A G K W M E L T B K

*In the cloud and in the sea, all of them were baptized as followers of Moses. All of them ate the same spiritual food, and all of them drank the same spiritual water. For they drank from the spiritual rock that traveled with them, and that rock was Christ.*

CLOUD
SEA
ALL
BAPTIZED
FOLLOWERS
MOSES
ATE
SAME
SPIRITUAL
FOOD
DRANK
WATER
ROCK
TRAVELED
CHRIST

# HEAD OF EVERY MAN

# 1 Corinthians 11:2-3

E D N E M M O C M L T J
V Y N Q R D R Y Y R T D
E N J A K E K D A W E X
R W I J T T M D R R X T
Y Y R A K S I E E W S Q
T W H R T T R V M I R H
H Y N U I N I E R B E V
I T R O S L I H D A E W
N N N E E B C A D N I R
G S A D V D A N M F U G
R K L M L E L N E L O M
R P X K R T T K D D N L

*Now I commend you because you remember me in everything and maintain the traditions even as I delivered them to you. But I want you to understand that the head of every man is Christ, the head of a wife is her husband, and the head of Christ is God.*

COMMEND
REMEMBER
EVERYTHING
MAINTAIN
TRADITIONS
DELIVERED
UNDERSTAND
HEAD
EVERY
MAN
CHRIST
WIFE
HUSBAND
GOD

# RISEN LORD

# 1 Corinthians 15:3-5

T D E S I A R M X S M
P N T H I R D D E A D
A T A W B T Q R T S L
S S M T S U U D N J Z
S I T O R T R I D W M
E R M W P O S I M W T
D H Y I E E P L E D J
R C R A Q L T M I D M
D C M G D W V E I D L
S R Y Y R R D E R M D

*I passed on to you what was most important and what had also been passed on to me. Christ died for our sins, just as the Scriptures said. He was buried, and he was raised from the dead on the third day, just as the Scriptures said. He was seen by Peter and then by the Twelve.*

PASSED
MOST
IMPORTANT
CHRIST
DIED
SINS
SCRIPTURES
BURIED
RAISED
DEAD
THIRD
DAY
PETER
TWELVE

# LAST ADAM

# 1 Corinthians 15:44-46

W F R B G T E Z Y S Q Y
R I P A S N G F P W R B
I R W A I N I I I L T N
T S L M I S R E A L Y T
T T M V T I E R B P T N
E Z I O T G U D N W O S
N G S U B T G N I V I L
N L A O A M R R L R B V
A L D N Y R R A D A M K
M Y N D J Z X N D J N L

*It is sown a natural body; it is raised a spiritual body. If there is a natural body, there is also a spiritual body. Thus it is written, "The first man Adam became a living being"; the last Adam became a life-giving spirit. But it is not the spiritual that is first but the natural, and then the spiritual.*

SOWN
NATURAL
BODY
RAISED
SPIRITUAL
ALSO
WRITTEN
FIRST
MAN
LIVING
BEING
LAST
ADAM
LIFE
GIVING

# THE HEAVENLY MAN

# 1 Corinthians 15:47-49

A D A M M E W P D
S T N A M H K Y L
D O D F I E L I Z
N E M L I N M C L
O L E E E R H A E
C P T V D R S A C
E O A S I A R T T
S E Y S U T Y V X
H P T Z H D V M Y

*Adam, the first man, was made from the dust of the earth, while Christ, the second man, came from heaven. Earthly people are like the earthly man, and heavenly people are like the heavenly man. Just as we are now like the earthly man, we will someday be like the heavenly man.*

ADAM
FIRST
MADE
DUST
EARTH
WHILE
CHRIST
SECOND
CAME
PEOPLE
LIKE
SOMEDAY
HEAVENLY
MAN

# IMAGE OF GOD

# 2 Corinthians 4:4-5

P T S I R H C V D L D S
R N K W L S Q L G D R R
O B Z N O Z U N Y E D L
C L L N M R I S V D G L
L I S R G E L E E T Y M
A N R T E O I D T J E R
I D Y S N L S L I G H T
M E S R E A V P A X W K
J D D B O D V M E L J R
X N N M O L I R O L Q X
Q U I G T Y G R E N D Q
R R M T M B D V X S L L

*In their case the god of this world has blinded the minds of the unbelievers, to keep them from seeing the light of the gospel of the glory of Christ, who is the image of God. For what we proclaim is not ourselves, but Jesus Christ as LORD, with ourselves as your servants for Jesus' sake.*

WORLD
BLINDED
MINDS
UNBELIEVERS
SEEING
LIGHT
GOSPEL
GLORY
CHRIST
IMAGE
GOD
PROCLAIM
JESUS
LORD
SERVANTS

# INDESCRIBABLE GIFT

# 2 Corinthians 9:13-15

I N D E S C R I B A B L E N
G O Y T E S T I N G R A C E
N I Q R X V T P G X O W Q P
I S V Q T F N L K B T B R R
S S Y T I S O R E N E G N T
S E H G S R I D M G Y K X N
A F Z A I I I N O Y Y Y Q W
P N G F R E R S I A Z K X M
R O Y N N I P H R M D Z T D
U C D C O E N P C O N T X X
S K E R L L Y G G T Z B T B

*Through the testing of this ministry you glorify God by your obedience to the confession of the gospel of Christ and by the generosity of your sharing with them and with all others, while they long for you and pray for you because of the surpassing grace of God that he has given you. Thanks be to God for his indescribable gift!*

TESTING
MINISTRY
GLORIFY
GOD
OBEDIENCE
CONFESSION
GOSPEL
CHRIST
GENEROSITY
SHARING
LONG
PRAY
SURPASSING
GRACE
INDESCRIBABLE
GIFT

# OUR HUSBAND

## 2 Corinthians 1:2-3

B T S I R H C D I A R F A
E B P V T N O I T O V E D
T G R B D E R E C N I S N
R V E P T N T X D V T T T
O Y S U O L A E J H T N B
T A E E L D V B O Y N G Z
H R N B R I I U S I W Y Z
E T T Z E P G V G U V L M
D S Y C U H E R I B H J L
M A E R T T I N M N N V T
L D E S X V V L T G E Z D

*For I feel a divine jealousy for you, since I betrothed you to one husband, to present you as a pure virgin to Christ. But I am afraid that as the serpent deceived Eve by his cunning, your thoughts will be led astray from a sincere and pure devotion to Christ.*

DIVINE
JEALOUSY
BETROTHED
HUSBAND
PRESENT
PURE
VIRGIN
CHRIST
AFRAID
SERPENT
DECEIVED
THOUGHTS
ASTRAY
SINCERE
DEVOTION

# HEAD OF THE CHURCH

## Ephesians 1:22-23

E H I M S E L F W L
V A F I L L S A L L
E U B E N E F I T E
R T J T D U D U T W
Y H C O H A N E L H
W O G H E I L D C L
H R B H R P N R E E
E I T O M I U G D R
R T L O D H S A S T
E Y C R C Y M T Z R

*God has put all things under the authority of Christ and has made him head over all things for the benefit of the church. And the church is his body; it is made full and complete by Christ, who fills all things everywhere with himself.*

GOD
ALL
THINGS
UNDER
AUTHORITY
CHRIST
MADE
HEAD
BENEFIT
CHURCH
BODY
FULL
COMPLETE
FILLS
EVERYWHERE
HIMSELF

# CHIEF CORNERSTONE

## Ephesians 2:19-20

E F H O U S E H O L D D
N O Y C T W C P M J F G
O U S K I H O E Q O L S
T N L T I T M L R R T R
S D A E R B I E L E T T
R A F P E A I Z H E S L
E T P R O G N P E I F W
N I S E N S O G R N J K
R O W E O R T H E E S D
O N R J P P C L S R M Q
C S K L Y K L U E K S D
Y L K Q L T S E Y S B N

*Consequently, you are no longer foreigners and strangers, but fellow citizens with God's people and also members of his household, built on the foundation of the apostles and prophets, with Christ Jesus himself as the chief cornerstone.*

FOREIGNERS
STRANGERS
FELLOW
CITIZENS
PEOPLE
MEMBERS
HOUSEHOLD
FOUNDATION
APOSTLES
PROPHETS
CHRIST
JESUS
CHIEF
CORNERSTONE

# NAME ABOVE ALL NAMES

## Philippians 2:9-11

D E U G N O T P N
E M L D R O L A Y
C K N E E O M L T
L H E A V E N S A
A S C A J A E O E
R U A Q B H T A H
E S L D G O R E W
Q E P I O T V O D
R J H X H G B E Y

*Therefore, God elevated him to the place of highest honor*
*and gave him the name above all other names,*
*that at the name of Jesus every knee should bow,*
*in heaven and on earth and under the earth,*
*and every tongue declare that Jesus Christ is LORD,*
*to the glory of God the Father.*

GOD
ELEVATED
PLACE
HIGHEST
HONOR
NAME
ABOVE
ALL

JESUS
KNEE
BOW
HEAVEN
EARTH
TONGUE
DECLARE
LORD

# VISIBLE IMAGE OF THE INVISIBLE

# Colossians 1:15-16

E J B V T N E D G E M E N
X L Q V Q S E A V K R P X
I Y B G A T I E R O V R M
S Y N I A N R R F T E L T
T Z L E S Y Y E H A H N P
E H R N T I B T L C E T Z
D C G H E N V M H M G O D
N O I U M V S B E I I R V
T N V Y O Y A R P M N T L
G A Z E Q R P E A Z Q G B
Q L P B R U H G H Z L V M
W L Y L S J E T P G K X P

*Christ is the visible image of the invisible God.*
*He existed before anything was created and is supreme over all creation,*
*for through him God created everything in the heavenly realms and on earth.*

CHRIST
VISIBLE
IMAGE
GOD
EXISTED
BEFORE
ANYTHING
CREATED
SUPREME
OVER
ALL
THROUGH
EVERYTHING
HEAVENLY
REALMS
EARTH

# SUPREME OVER ALL

# *Colossians 1:18b–20a*

D G Y R E V O D Q T J B B
E N B E G I N N I N G K W
L I J P V X L X S B K J R
I H V W L T M U Z J R H J
C T B F G E P P D D G T N
N Y R L U R A O M U L N L
O R I X E L G S O D H L R
C E S M V N L R E I A B Y
E V E T L E H N M D R E B
R E D J S T V S E X J Y D
R R R X P I E I X S R V Z
X N T N L L R X L T S N N
Q D Q R F L X H L D Z J R
Y Q P Z G D A P C D V M Y

*He is the beginning,*
*supreme over all who rise from the dead.*
*So he is first in everything.*
*For God in all his fullness*
*was pleased to live in Christ,*
*and through him God reconciled*
*everything to himself.*

BEGINNING
SUPREME
OVER
ALL
RISE
DEAD
GOD
FULLNESS
PLEASED
LIVE
CHRIST
THROUGH
RECONCILED
EVERYTHING
HIMSELF

# THE HOPE OF GLORY

# Colossians 1:25-27

D S Z N D B N W R L S C
G M T R J W R E P E O T
E N O N O P V T L M T R
N W L N I E T I M N N S
E T K G A A T I A N E T
R H J L E N S V Y H S G
A I E R E S R R C I I Y
T D G G I E E I R V R E
I D Y O S T R H E O P Y
O E N Z S R C N L O X Y
N N R Y R X N G H Z Y L
S K M M Y V R N Q W Z Q

*I became its servant according to God's commission that was given to me for you, to make the word of God fully known, the mystery that has been hidden throughout the ages and generations but has now been revealed to his saints. To them God chose to make known how great among the Gentiles are the riches of the glory of this mystery, which is Christ in you, the hope of glory.*

SERVANT
COMMISSION
GIVEN
WORD
KNOWN
MYSTERY
HIDDEN
GENERATIONS
REVEALED
SAINTS
GREAT
GENTILES
RICHES
CHRIST
HOPE
GLORY

# SEATED AT THE RIGHT HAND OF GOD

## Colossians 3:1

G E T R Q M T S Y P W M B R
N V V T R B S R E I E D V Y
I O J Y E G A R T A Z E W N
K B Y E N I L H M J T T K Q
E A N I S Z X M T Q B E Q M
E V H E R T W H N V R Y D T
S T D N E R E H W Y J L N K
J V N Q Q R Y L Y K H D R W
V D T M E C H R I S T A J D
J L N F L G L L I T J P V G
W D O A Z Q M K G G M B G E
M R O Y H X L N Y X H X N B
E X P G N D T R Y K J T L N

*Therefore, if you have been raised with Christ, keep seeking the things that are above, where Christ is, seated at the right hand of God.*

THEREFORE
HAVE
BEEN
RAISED
WITH
CHRIST
KEEP
SEEKING
THINGS
ABOVE
WHERE
SEATED
RIGHT
HAND
GOD

# OUR LIFE

# Colossians 3:2-4

D Y R O L G T D I E D
E R T R D H R H B Z W
L M U S I Y I K P N J
A O I N I D E A R T H
E B G N D R L R P T Y
V S O E D S H E F I L
E N N V O S R C Q J J
R S E T E G O D N Y M

*Set your minds on the things that are above, not on the things that are on earth. For you have died, and your life is hidden with Christ in God. When Christ, who is our life, is revealed, then you also will be revealed with Him in glory.*

SET
MINDS
THINGS
ABOVE
EARTH
DIED
HIDDEN
CHRIST
GOD
OUR
LIFE
REVEALED
ALSO
GLORY

# OUR DELIVERER

# 1 Thessalonians 1:8b–10

J E S U S N D T D E X J
W D D Y E O D D R N M D
R T E V G E H E O L D B
A D A L S T H S D B M J
T E W I I W L I V I N G
H Q A A Y V H Z E Q R G
T R F R I T E V B D K X
J R E D R T R R A B T D
K V U O L E K E S D K Y
E N F E S K D K M N R R

*Your faith in God has gone forth everywhere, so that we need not say anything. For they themselves report concerning us the kind of reception we had among you, and how you turned to God from idols to serve the living and true God, and to wait for his Son from heaven, whom he raised from the dead, Jesus who delivers us from the wrath to come.*

FAITH
GOD
FORTH
EVERYWHERE
SERVE
LIVING
TRUE
WAIT
SON
HEAVEN
RAISED
DEAD
JESUS
DELIVERS
WRATH

# OUR STRENGTH AND PROTECTION

# 2 Thessalonians 3:1-3

S W N L K T R M D J T R V
P E O L R E J E X R N Z N
R L Q R S R I T O E D M K
E P D C D F C U H R H T R
A O U B I E B T O T V L D
D E W R T L G L I R B G V
D P O O E N R A P I D L Y
L L R S E E F R G R M D N
G P O R V P A Q X W K W X
M M T I T Y N N W X P Q Q
E S L Q L W V J N Y Y L J

*Finally, brothers and sisters, pray for us that the word of the LORD will spread rapidly and be glorified, just as it was also with you; and that we will be rescued from troublesome and evil people; for not all have the faith. But the LORD is faithful, and He will strengthen and protect you from the evil one.*

PRAY
WORD
LORD
SPREAD
RAPIDLY
GLORIFIED
RESCUED
TROUBLESOME
EVIL
PEOPLE
FAITH
STRENGTHEN
PROTECT

# OUR HOPE

# 1 Timothy 1:1-2

J W D N S G Y T W Y Y
P E A C E A D X J J V
A P S J W R V Y Z D N
C P R U O H H I Y D R
O N O L S T O T O E M
M F T S O K S P H R E
M A L M T I Y T E C Y
A I I Y R L A Y A C D
N T M H U F E R R O X
D H C A Z R G E G N X
P Q P Y Y N M T P Y Q

*Paul, an apostle of Christ Jesus by the command of God our Savior and of Christ Jesus our hope,*
*To Timothy my true son in the faith:*
*Grace, mercy and peace from God the Father and Christ Jesus our LORD.*

PAUL
APOSTLE
CHRIST
JESUS
COMMAND
GOD
SAVIOR
HOPE
TIMOTHY
FAITH
GRACE
MERCY
PEACE
FATHER
LORD

# KING ETERNAL

# 1 Timothy 1:16-17

L E V I E C E R S N P
A G L F D K H I M A P
T E I B I I N R T X E
R L L N I N S I I S Z
O E G P E S E P N S L
M T V R M N I E L A T
M S S E C A M V N A M
I R U E I M X R N E Y
N O K S I L E E R I Q
B W D W E T E C N Z M
J L D T E J Y B X X Z

*But for that very reason I was shown mercy so that in me, the worst of sinners, Christ Jesus might display his immense patience as an example for those who would believe in him and receive eternal life. Now to the King eternal, immortal, invisible, the only God, be honor and glory for ever and ever. Amen.*

MERCY
WORST
SINNERS
CHRIST
JESUS
DISPLAY
IMMENSE
PATIENCE
EXAMPLE
BELIEVE
RECEIVE
LIFE
KING
ETERNAL
IMMORTAL
INVISIBLE

# MEDIATOR

# 1 Timothy 2:3-6

U M P P D C M E S S A G E R
N H E O U R H H B K G Z M T
D U G D T R T R Z T E R M K
E M N Y I U C B I L M K W G
R A Q F R A N H I S D J Z B
S N P T R W T C A O T L Q P
T I V L W E N O O S Y Q D T
A T J X E O E G R D E N R D
N Y R E C A R D S A V I O R
D M Y E S T S L O R I G H T
X B R T W U L E D M X L D M
R Q M G D B S B S Z R J T P

*This is good and pleases God our Savior, who wants everyone to be saved and to understand the truth. For,*
*There is one God and one Mediator who can reconcile God and humanity—the man Christ Jesus. He gave his life to purchase freedom for everyone.*
*This is the message God gave to the world at just the right time.*

GOOD
PLEASES
GOD
SAVIOR
UNDERSTAND
TRUTH
MEDIATOR
RECONCILE
HUMANITY
CHRIST
JESUS
PURCHASE
FREEDOM
MESSAGE
WORLD
RIGHT

# BLESSED AND ONLY SOVEREIGN

# 1 Timothy 6:13-15

P R T J X L D T N Q T W Z B Y B
R E S W B Y Q M E S F R W Y L P
E P K O L V D T I S Y A P R Y T
S R R N V D D R D J T Y U N B L
E O O C D E H N R J Z I O L D J
N A J M O C R E T N M I F E T G
C C X Y B M P E L Y S Q S I Y M
E H V N B O M D I S M S K S E B
T N V L R X Z A E G E R U R M D
L I B P M M W F N L N S B M D Q
O V M J N B N L B D E X L R J P
R Q Z E M O M W T J M G N P N B
D Y Y N C P T M L D N E N G N D
V Q R T V D B T D I T P N T W Z
R G D N Y D W P K D Y B L T J T

*I direct you in the presence of God, who gives life to all things, and of Christ Jesus, who testified the good confession before Pontius Pilate, that you keep the commandment without fault or reproach until the appearing of our LORD Jesus Christ, which He will bring about at the proper time—He who is the blessed and only Sovereign, the King of kings and LORD of lords.*

PRESENCE
CHRIST
JESUS
TESTIFIED
CONFESSION
COMMANDMENT
FAULT
REPROACH
PROPER
TIME
BLESSED
ONLY
SOVEREIGN
KING
LORD

# HEIR OF ALL THINGS

## Hebrews 1:1-2

A B Y M L S M D M S G P Z
F P D B Y V E S T R P N L
A D P A Y T E E O B R L L
T A W O A M H N N N L D Y
H Y L E I P L S G D L J L
E S R T O N G A L J D Y V
R C P R X N T R S G G M G
S N P O I G O E N T P J N
D Y V H K W O O D H E I R
J Z T X D E L D D G N Q L

*Long ago, at many times and in many ways, God spoke to our fathers by the prophets, but in these last days he has spoken to us by his Son, whom he appointed the heir of all things, through whom also he created the world.*

LONG
TIMES
WAYS
GOD
SPOKE
FATHERS
PROPHETS
LAST
DAYS
SON
APPOINTED
HEIR
THINGS
CREATED
WORLD

# CROWNED IN GLORY AND HONOR

## Hebrews 2:8b-9

T A S T E N G H N M L Q Y
J L V Z Z J T O T L Y K D
Q N N M Y A E Y D R G D R
S U B J E C T I O N D Y D
L M X D A S D L I E L N M
I A G R U E G R N H Y Y D
T D G S L L E W T Y D R B
T E E I T F O A N G E L S
L J H D F R E W H O N O R
E W K U C D M R E X Y Z Z
L D S T V D D V K R R N J

*As it is, we do not yet see everything in subjection to them, but we do see Jesus, who for a little while was made lower than the angels, now crowned with glory and honor because of the suffering of death, so that by the grace of God he might taste death for everyone.*

SUBJECTION
JESUS
LITTLE
WHILE
MADE
LOWER
ANGELS
CROWNED
GLORY
HONOR
SUFFERING
DEATH
GRACE
GOD
TASTE
DEATH

# FOUNDER OF SALVATION

## Hebrews 2:10

S B R I N G I N G G T P Z
A U Z P D F O U N D E R K
L S F G E T B I P H Z V J
V O L F S R T Y G L L N R
A N K I E T F U X S Q T G
T S X X I R O E G L O R Y
I E Z F Y R I N C E G T K
O G R N H A I N K T K N V
N M A T R H L A G Y L W T
G M D Y T K M L X Y P K M

*For it was fitting that he, for whom and by whom all things exist, in bringing many sons to glory, should make the founder of their salvation perfect through suffering.*

FITTING
ALL
THINGS
EXIST
BRINGING
MANY
SONS
GLORY
MAKE
FOUNDER
SALVATION
PERFECT
THROUGH
SUFFERING

# THE APOSTLE

## Hebrews 3:1-2

A N S R E H T O R B N
P S O L C H S E N Y M
P R G I G A L U L J V
O E F I S T L N S R D
I N H A S S E L E E S
N T P O I V E D I I J
T R P R A T I F S N M
E A H E I S H T N O G
D P H O N E E F S O B
J P K O L R S E U K C
Y N C B S Y S T M L L

*Therefore, brothers and sisters, holy partners in a heavenly calling, consider that Jesus, the apostle and high priest of our confession, was faithful to the one who appointed him, just as Moses also "was faithful in all God's house."*

BROTHERS
SISTERS
HOLY
PARTNERS
HEAVENLY
CALLING
CONSIDER
JESUS
APOSTLE
HIGH
PRIEST
CONFESSION
FAITHFUL
APPOINTED
MOSES

# GREAT HIGH PRIEST

## Hebrews 4:14-15

T A E R G T J P N Z X W N T
W L N L N M T N W R N P G L
B D Z R B Z R M J N J W J N
T S E S S E N K A E W N I G
F E M D R G Q Y M W B S O L
I H M Y N D Z P R O F E S S
R T R P W E A J H G D N M S
M I K L T T C K R I E X U K
L A D D H E P S T V G S T P
Y F O I D R D R A Y E H L L
Y G Z M B Q Y E I J L D K K
L E B G R K H L K E M Q V N
P D P N T Z T J L Z S V Z N
N X X X B B G R L T B T L X

*Therefore, since we have a great high priest who has ascended into heaven, Jesus the Son of God, let us hold firmly to the faith we profess. For we do not have a high priest who is unable to empathize with our weaknesses, but we have one who has been tempted in every way, just as we are—yet he did not sin.*

GREAT
HIGH
PRIEST
ASCENDED
HEAVEN
JESUS
SON
GOD
FIRMLY
FAITH
PROFESS
EMPATHIZE
WEAKNESSES
TEMPTED
SIN

# A PRIEST FOREVER

## Hebrews 5:5-6

N E T T O G E B T M M Q
R N D C H R I S T E T R
W E Y E P J E R L R Z L
F N D L T I N C T G W M
B O A R R N H M V L L D
E C R P O I I M T V M T
E X Z E Z A N O T H E R
N J A E V H T G P N J Y
T T D L I E K M O P N M
Z E R G T B R S Z R A V
K B H Y J B D L B R R N

*So also Christ did not exalt himself to be made a high priest, but was appointed by him who said to him, "You are my Son, today I have begotten you"; as he says also in another place, "You are a priest forever, after the order of Melchizedek."*

CHRIST
EXALT
HIGH
APPOINTED
SON
BEGOTTEN
ANOTHER
PLACE
PRIEST
FOREVER
ORDER
MELCHIZEDEK

# THE SOURCE OF ETERNAL SALVATION

## Hebrews 5:9-10

K E D E Z I H C L E M M
N E D E T A N G I S E D
O B T T B R H T O B E Y
I E T E S E C I W D L J
T I C R R E C Q G N L P
A N G R F N I A O H J Y
V G M R U E A R M G V V
L D E G D O D L P E L D
A P O A N E S M T D Z N
S D M Y R D T L V T B D

*And being made perfect, he became the source of eternal salvation to all who obey him, being designated by God a high priest after the order of Melchizedek.*

BEING
MADE
PERFECT
BECAME
SOURCE
ETERNAL
SALVATION
OBEY
DESIGNATED
GOD
HIGH
PRIEST
ORDER
MELCHIZEDEK

# OUR FORERUNNER

## Hebrews 6:19-20a

R E N N U R E R O F
F S A N C T U A R Y
N I A T R U C E L W
E B R S G O P D Z D
D R E M R O H I T J
N W U H H E N C E Y
I E H C A N T S N L
H V G E E L U N U A
E A N R R S F O E Y
B H B N M E S G Y T

*We have this hope as an anchor for the soul, firm and secure. It enters the inner sanctuary behind the curtain, where our forerunner, Jesus, has entered on our behalf.*

HAVE
HOPE
ANCHOR
SOUL
FIRM
SECURE
ENTERS
INNER
SANCTUARY
BEHIND
CURTAIN
WHERE
FORERUNNER
JESUS
BEHALF

# UNBLEMISHED OFFERING

## Hebrews 9:13-14

S D M D W O R S H I P Q
T O S Y E S G D R C M J
A G Y E L R T N O J L W
O Y G L I S E N I A M W
G M U H I F S F N V I D
P B M R S C I R F T I T
L H H Y I I E T H O I L
B C E E F T M O C R W M
Z L N I E I U E I N X Y
L C O Y F T R P L J A T
E T R O Q E S U R B W S
L G J P D K R B P N Y P

*For if the blood of goats and bulls, with the sprinkling of the ashes of a heifer, sanctifies those who have been defiled so that their flesh is purified, how much more will the blood of Christ, who through the eternal Spirit offered himself without blemish to God, purify our conscience from dead works to worship the living God!*

GOATS
BULLS
HEIFER
SANCTIFIES
BLOOD
CHRIST
ETERNAL
SPIRIT
OFFERED
WITHOUT
BLEMISH
PURIFY
CONSCIENCE
WORSHIP
LIVING
GOD

# MEDIATOR OF THE NEW COVENANT

## Hebrews 9:15

E D N E E W T E B J N
C E E D E I D O G T F
N S Z T N V E N N R P
A I Y V T L I A E S Y
T M T T P I N E E W E
I O C O L E M T C T N
R R E H V A A M E E S
E P Q O R I N R O I R
H N C X D I N E N C M
N Z R E M A S S P Q R
I D M T L V D T K N L

*That is why he is the one who mediates a new covenant between God and people, so that all who are called can receive the eternal inheritance God has promised them. For Christ died to set them free from the penalty of the sins they had committed under that first covenant.*

MEDIATES
NEW
COVENANT
BETWEEN
GOD
PEOPLE
RECEIVE
ETERNAL
INHERITANCE
PROMISED
CHRIST
DIED
FREE
PENALTY
SINS
COMMITTED

# THE PIONEER AND PERFECTER OF FAITH

## Hebrews 12:1-2

E C N A R E V E S R E P
C V E N U R R D W T R R
T L Y N R T H B P Q E M
W K O M T T V I B T Y M
I T W U I A O S C N S N
T G G A D N N E U R R D
N M F N E R F G E S L K
E W A E I R T D L C E M
S O R R E X N A E E A J
S R B P K I I Y E N S R
E H V B H E E F N R R M
S T D Y L S D M G R G R

*Therefore, since we are surrounded by such a great cloud of witnesses, let us throw off everything that hinders and the sin that so easily entangles. And let us run with perseverance the race marked out for us, fixing our eyes on Jesus, the pioneer and perfecter of faith.*

GREAT
CLOUD
WITNESSES
THROW
HINDERS
ENTANGLES
RUN
PERSEVERANCE
RACE
MARKED
FIXING
EYES
JESUS
PIONEER
PERFECTER
FAITH

# THE GREAT SHEPHERD

# Hebrews 13:20-21

P I U Q E S J T D A E D
G B V Y H T D J H G G K
N M R E D B E G M G D W
I K E O L R N R D Y I D
K P C O U I O R N J X S
R K O O S G E L X A W V
O D T A V H H G P Y L V
W E E Z P E S T R L N V
L L C E T U N G Q E L W
P Z H A S K O A D G A W
R S M E E O Z P N D X T
W R J X D P G N T T B N

*Now may the God of peace, who brought up from the dead the great Shepherd of the sheep through the blood of the eternal covenant, that is, Jesus our LORD, equip you in every good thing to do His will, working in us that which is pleasing in His sight, through Jesus Christ, to whom be the glory forever and ever. Amen.*

PEACE
BROUGHT
DEAD
GREAT
SHEPHERD
SHEEP
BLOOD
ETERNAL
COVENANT
JESUS
LORD
EQUIP
GOOD
WORKING
PLEASING
SIGHT

# LAMB WITHOUT BLEMISH

# 1 Peter 1:18-19

E R T Q B T B B P S D
L E H U T D M B U S H
B D I G O A O O R S D
A E N O L H I O I R S
H E G L T C T M L I T
S M S D E S E I L B K
I E D R E L I V W Y W
R D P C B F E R T Q W
E V N Z X R E P H O D
P A J R G N M C N C Y
J L N Z D E N K T B V

*For you know that it was not with perishable things such as silver or gold that you were redeemed from the empty way of life handed down to you from your ancestors, but with the precious blood of Christ, a lamb without blemish or defect.*

KNOW
PERISHABLE
THINGS
SILVER
GOLD
REDEEMED
EMPTY
ANCESTORS
PRECIOUS
BLOOD
CHRIST
LAMB
WITHOUT
BLEMISH
DEFECT

# CHOSEN BEFORE THE CREATION

# 1 Peter 1:20-21

D R E V E A L E D N F V D Z
T E D W C J W B J A E P O H
D H I A W H E N I D O G G J
E W R F E L O T L N Z B B V
Z R R O I D H S N D M T D Y
R V O E U R C R E A T I O N
T A V F W G O G M N T M N P
I E I E E O H L V B T L N M
M N K S R B R V G S L M D K
E A Y J E Z X L A N D Y Q K
S Y N Q G D G L D B Y T W L

*He was chosen before the creation of the world, but was revealed in these last times for your sake. Through him you believe in God, who raised him from the dead and glorified him, and so your faith and hope are in God.*

CHOSEN
BEFORE
CREATION
WORLD
REVEALED
LAST
TIMES
SAKE
THROUGH
BELIEVE
GOD
RAISED
DEAD
GLORIFIED
FAITH
HOPE

# LIVING STONE

# 1 Peter 2:4-5

D G N I V I L J Q S T E
N O O L V H N W A X L D
D J O D A W O C Z B B B
S I G H T U R U A Q R T
C Y R B T I T T S E Y P
D H V B F S P I J E R Y
J D O I U E E E R E M S
L E C I C I C I C I T W
Y E S C C T L I R O P L
S L A U E E O T N P L S
Y T O D S U B E J P Y M
M D T H S Y M T V N W N

*And coming to Him as to a living stone which has been rejected by people, but is choice and precious in the sight of God, you also, as living stones, are being built up as a spiritual house for a holy priesthood, to offer spiritual sacrifices that are acceptable to God through Jesus Christ.*

LIVING
STONE
REJECTED
CHOICE
PRECIOUS
SIGHT
GOD
BUILT
SPIRITUAL
HOUSE
HOLY
PRIESTHOOD
SACRIFICES
ACCEPTABLE
JESUS

# PRECIOUS AND CHOSEN CORNERSTONE

## 1 Peter 2:6

Z E R U T P I R C S V L Q
R M L R Y M N W Y N W Z D
E N O T S R E N R O C K P
V Z N S T U D B R Y S U C
E I B Q E R O W E T T H M
O O W Q B V G I A H O L N
H N N Z T N E N C S O E D
W R D M I N D I E E M L Z
W M B Y B S L N L A R L D
Q L A G Y V W R H E P P Y
D L R P Q Z D S Y M B N J

*For it stands in Scripture:*
*"Behold, I am laying in Zion a stone, a cornerstone chosen and precious, and whoever believes in him will not be put to shame."*

STANDS
SCRIPTURE
BEHOLD
LAYING
ZION
CORNERSTONE
CHOSEN
PRECIOUS
WHOEVER
BELIEVES
PUT
SHAME

# OVERSEER OF SOULS

# 1 Peter 2:24-25

R I G H T E O U S N E S S
R E E S R E V O N E I D X
R B Y L B G R J I J X R Q
Q M D O Z Y O D S J T M Y
Y G D E N T R I A J M N D
W Y D R N E P S N R L D R
O S B E H R T E J G L V N
U B L P L R U E E M Z C N
N L E U A A L T R H R M R
D H L Y O I E P E O S G J
S N R R V S N H S R B X D
W L Y E M N G S L M T P X

*"He himself bore our sins" in his body on the cross, so that we might die to sins and live for righteousness; "by his wounds you have been healed." For "you were like sheep going astray," but now you have returned to the Shepherd and Overseer of your souls.*

BORE
SINS
BODY
CROSS
DIE
LIVE
RIGHTEOUSNESS
WOUNDS
HEALED
SHEEP
GOING
ASTRAY
RETURNED
SHEPHERD
OVERSEER
SOULS

# CHIEF SHEPHERD

# 1 Peter 5:2-4

W I L L I N G G W T G Y
T K Z N W P N G G J M M
D B W O N I C H A R G E
Y R R V D J G Q I Q O P
S C E A A B M G N V R F
J E F H D P N L E L E G
G N L V P Y P R D I T M
U F D P R E S E H N E L
Y O L O M I H C A A J N
G D L O G A V S G R J D
R G N H C V X E L Y S W
Y G T P B K R E L D R W

*Shepherd the flock of God that is among you, exercising oversight, not under compulsion, but willingly, as God would have you; not for shameful gain, but eagerly; not domineering over those in your charge, but being examples to the flock. And when the chief Shepherd appears, you will receive the unfading crown of glory.*

FLOCK
GOD
OVERSIGHT
WILLING
GAIN
EAGER
CHARGE
EXAMPLES
CHIEF
SHEPHERD
APPEARS
UNFADING
CROWN
GLORY

# THE WORD OF LIFE

# 1 John 1:1

B W H W O R D D R G
H E K E N E E L N N
A G G V A H Y I T M
N N R I C R N E I R
D Y Y U N R D A S D
S L O W E N L G E J
S T I C H C I K L L
R E N F O I O N N X
L O E R E O C N G V
C R P N L Y Z H D Y

*That which was from the beginning, which we have heard, which we have seen with our eyes, which we have looked at and our hands have touched—this we proclaim concerning the Word of life.*

WHICH
BEGINNING
HEARD
SEEN
EYES
LOOKED
HANDS
TOUCHED
PROCLAIM
CONCERNING
WORD
LIFE

# THE ETERNAL LIFE

# 1 John 1:2-3

A P R O C L A I M V G
P I H S W O L L E F R
P T N C L N F D L D Z
E R E I H A E A P R G
A S F S T R N E D X T
R E U H T R I R S K Q
E M E S E I A S Z L Q
D R O T E E F H T I W
J N E G H J R Y G L M

*The life appeared; we have seen it and testify to it, and we proclaim to you the eternal life, which was with the Father and has appeared to us. We proclaim to you what we have seen and heard, so that you also may have fellowship with us. And our fellowship is with the Father and with his Son, Jesus Christ.*

APPEARED
SEEN
TESTIFY
PROCLAIM
ETERNAL
LIFE
WITH
FATHER
HEARD
FELLOWSHIP
SON
JESUS
CHRIST

# OUR ADVOCATE

# 1 John 2:1

N S Z A Q E N T R L N B Y
E G X Q N I L I T H E S E
R N Y E S Y G T N N B Q J
D I F M T H O J T Y Z R R
L H Y A T A E N G I X M X
I T E E T S C N E B L N L
H T O V U H I O B R L R N
C U S S A T E R V B J L T
S D T I I H K R P D K R X
B O Z R R T Z Y J Y A L J
Y E W N W H G M X W J L T
T S Q L T Q C X N T L J K

*My little children, I am writing these things to you so that you may not sin. But if anyone does sin, we have an advocate with the Father, Jesus Christ the righteous.*

LITTLE
CHILDREN
WRITING
THESE
THINGS
SIN
ANYONE
DOES
HAVE
ADVOCATE
FATHER
JESUS
CHRIST
RIGHTEOUS

# DESTROYER OF THE DEVIL'S WORK

## 1 John 3:7-8

G Q Y O R T S E D R M L D
V N K S S L V T I B C M L
S X I K I I I G L H M J B
R E R N E N H T I P D O G
D O C C N T N L T E D D T
W E E I E I D I R L N Q M
M D V O T R G A N O E D D
X S U I E C E E S G B N Y
J S O N L P A A B T Z L K
B D G N P Z E R L M L X Y
R N N A M R R J P N T N M

*Little children, let no one deceive you. Whoever practices righteousness is righteous, as he is righteous. Whoever makes a practice of sinning is of the devil, for the devil has been sinning from the beginning. The reason the Son of God appeared was to destroy the works of the devil.*

LITTLE
CHILDREN
DECEIVE
PRACTICES
RIGHTEOUS
SINNING
BEGINNING
REASON
SON
GOD
APPEARED
DESTROY
WORKS
DEVIL

# SACRIFICE FOR OUR SINS

# 1 John 4:9-10

S H G N I N O T A
A G D J L E N O S
C U X E V O O R D
R O P I W N V T K
I R L P L O A E D
F H S Y S M H L B
I T J E O I R S G
C G N N N O N O Y
E O G Q W T D S W

*This is how God showed his love among us: He sent his one and only Son into the world that we might live through him. This is love: not that we loved God, but that he loved us and sent his Son as an atoning sacrifice for our sins.*

GOD
SHOWED
LOVE
AMONG
SENT
ONE
ONLY

SON
WORLD
LIVE
THROUGH
ATONING
SACRIFICE
SINS

# THE FAITHFUL WITNESS

# *Revelation 1:4b–5a*

L R U L E R P H T Z V N
U K S P Y E Y J T B R X
F I J P M S C W N R N T
H N R O I H E R V J A J
T G C N R R O V T L E E
I S W I Y B I W E S D M
A W S I T P E T U N P D
F T E S T N E S S N P M
L D R C O N M A M B M L
M I E R A D E K C X D Y
F Q H A V R R S Z E T D
Y T L Q D K G Y S P Z D

*Grace to you and peace from him who is and who was and who is to come, and from the seven spirits who are before his throne, and from Jesus Christ the faithful witness, the firstborn of the dead, and the ruler of kings on earth.*

GRACE
PEACE
COME
SEVEN
SPIRITS
THRONE
JESUS
CHRIST

FAITHFUL
WITNESS
FIRSTBORN
DEAD
RULER
KINGS
EARTH

# FIRST AND LAST

# Revelation 1:16b–17

F T A R G G F I R S T M L
E L H J L K N A F R A I D
L T B O M J N I G M F D Q
L L P R U W J R N A L T J
Q D M V I G J D C I E M N
Z V W Q L L H E N E H G P
D E C A L P L R F A L S M
Z R N L S J L I K V H Z B
M U N D A J L G A M V B J
S X A B D S B H R N J Z P
W E B M V Y T T T T C L G
D Y D J Y N V D Z Q J E Y

*His face was like the sun shining in all its brilliance. When I saw him, I fell at his feet as though dead. Then he placed his right hand on me and said: "Do not be afraid. I am the First and the Last."*

FACE
SUN
SHINING
ALL
BRILLIANCE
SAW
FELL
FEET
THOUGH
DEAD
PLACED
RIGHT
HAND
AFRAID
FIRST
LAST

# THE LIVING ONE

# Revelation 1:18-19

M T J L Y M D D Z D G M
W Q Q T B Y E H O L D B
D E A T H A L T N W X M
K L S Q D V K B R P B T
D B E W N P B E Z P V Y
R Z E Y L W L E Y S L J
Y E N N R I V A E S N R
R X V I K I V D C O L L
R E T E L O A I E E N W
Y E T A W H O K N K R E
Z B N A B O N L D G A B
W G B L L B N B Y Q B T

*"I am the Living One; I was dead, and now look, I am alive for ever and ever! And I hold the keys of death and Hades. Write, therefore, what you have seen, what is now and what will take place later."*

LIVING
ONE
DEAD
NOW
LOOK
ALIVE
EVER
HOLD
KEYS
DEATH
HADES
WRITE
SEEN
TAKE
PLACE
LATER

# HOLDER OF THE KEY OF DAVID

## Revelation 3:7

A I H P L E D A L I H P
C R K E S E R S Z Q G K
H L N E T H D T Q D G L
U O E I Y R U M T R U E
R K R G O S H T D X Z L
C W Q W N O T A S J Q T
H Z T E L A V V P Y W V
T W P D H I Y P K Z R Y
J O S W D H O L Y L T J

*"To the angel of the church in Philadelphia write:*

*These are the words of him who is holy and true, who holds the key of David. What he opens no one can shut, and what he shuts no one can open."*

ANGEL
CHURCH
PHILADELPHIA
WRITE
WORDS
HOLY
TRUE
HOLDS
KEY
DAVID
WHAT
OPENS
ONE
SHUTS

# THE AMEN

# Revelation 3:14

G A L C D L O C R B Z W Q
N L E E H L T L Q C B Q M
I U T C G U L R R J B L Y
N F N Y I N R E U S T L V
N H J Y E D A C S E Y R R
I T W M S T O E H R T G T
G I A O I D N A E T I R W
E A D O R T R H L R Y Z L
B F N O I K B O O K N O W
R D T W G D S N W T X R K

*"And to the angel of the church in Laodicea write: 'The words of the Amen, the faithful and true witness, the beginning of God's creation. I know your works: you are neither cold nor hot. Would that you were either cold or hot!"*

ANGEL
CHURCH
LAODICEA
WRITE
WORDS
AMEN
FAITHFUL
TRUE
WITNESS
BEGINNING
GOD
CREATION
KNOW
WORKS
COLD
HOT

# VICTORIOUS ONE

## Revelation 3:21-22

V F A T H E R N R E V I G
S I M Z R G W E L E N X X
T E C G Q O V X A E W D P
H N H T D E T R N T T M B
G W Q C O H S O Z N B W R
I Z T H R R T I R I P S B
R I W O H U I B W I L L R
S M N Q X E H O S Y A S Z
D E M X L M A C U W N R L
Q M N D R L X R N S V T B

*"To the one who is victorious, I will give the right to sit with me on my throne, just as I was victorious and sat down with my Father on his throne. Whoever has ears, let them hear what the Spirit says to the churches."*

ONE
VICTORIOUS
WILL
GIVE
RIGHT
SIT
THRONE
DOWN
FATHER
WHOEVER
EARS
HEAR
SPIRIT
SAYS
CHURCHES

# THE LION OF THE TRIBE OF JUDAH

## Revelation 5:5

W Z Y Q L P N S E A L S
Y E N H O L E O Y R Q T
R S E T T V O T I N P Z
O R S P E R H R J L D T
T E J N I R O L C B L N
C D P U O N O W H S L W
I L A N D O G E B I R T
V E E V K A I N E P O V
D Z J N I R H Q Q L P Y
D G B G R D K J B T G L

*But one of the twenty-four elders said to me, "Stop weeping! Look, the Lion of the tribe of Judah, the heir to David's throne, has won the victory. He is worthy to open the scroll and its seven seals."*

ELDERS
STOP
WEEPING
LOOK
LION
TRIBE
JUDAH
HEIR
DAVID
THRONE
VICTORY
WORTHY
OPEN
SCROLL
SEVEN
SEALS

# WORTHY LAMB

# Revelation 5:11b–12

B M M E Z P J N E L D J P M
L Q G L O R Y C M E S J J Z
E M B D P R I O R E E B Q J
S A Y E J O D E R N M T B L
S N L R V S T U O Y Y L Y M
I G A S I H T R Z H Y J N N
N E M W G A H P T R R D B J
G L B U E T D R W E A L T H
R S A R M K O S W M I G H T
Y L C D B W H O N O R V D J
S L N L Y P P P P M P T Y J

*I heard the voice of many angels surrounding the throne and the living creatures and the elders; they numbered myriads of myriads and thousands of thousands, singing with full voice,*

*"Worthy is the Lamb that was slaughtered*
*to receive power and wealth and wisdom and might*
*and honor and glory and blessing!"*

VOICE
ANGELS
THRONE
CREATURES
ELDERS
MYRIADS
WORTHY
LAMB
SLAUGHTERED
POWER
WEALTH
WISDOM
MIGHT
HONOR
GLORY
BLESSING

# LAMB

# Revelation 13:7-8

P S N A T I O N Y B X Y N
J R L A U T H O R I T Y Y
I N H A B I T A N T S L R
P M F O U N D A T I O N N
E T R Y H G P V E L A M B
O Q R T W I H G W O R L D
P B R I H R A T L L D L X
L A O S B U I N E I T L B
E T R O G E N T R R F G D
X O W N K D A Z T T E E D
W J A L M N M K L E Q D L
X L Q M N V E Z D J N M J

*It was given authority over every tribe and people and language and nation, and all the inhabitants of the earth will worship it, everyone whose name has not been written from the foundation of the world in the book of life of the Lamb that was slaughtered.*

AUTHORITY
TRIBE
PEOPLE
LANGUAGE
NATION
INHABITANTS
EARTH
WORSHIP
NAME
WRITTEN
FOUNDATION
WORLD
BOOK
LIFE
LAMB
SLAUGHTERED

# KING OF THE NATIONS

## Revelation 15:3

S K L D L G W S B Y
N G K O N D E A T J
O L N I R R E H Y L
I A K I V D G E G S
T M S A Z I Z B D T
A B N O M A S T A S
N T J L N E M E B E
J D A U S G R A U P
R B D O S G T R Q D
B V M Q R T T B D N

*And they sing the song of Moses, the servant of God, and the song of the Lamb:*

*"Great and amazing are your deeds,*
*LORD God the Almighty!*
*Just and true are your ways,*
*King of the nations!"*

SONG
MOSES
SERVANT
LAMB
GREAT
AMAZING
DEEDS
LORD
ALMIGHTY
JUST
TRUE
WAYS
KING
NATIONS

# LORD OF LORDS

# Revelation 17:14

L T V Q L X X D L C R V J
U M K G R V N Y A M X M K
F W A R L W A L T J P B K
H N M L I N L G R J L B F
T N E T D E T W A G N O R
I D H S D Y A R O I L M R
A L Q T O G T V I L N E Y
F Q R N E H E B O U S S M
T B M A L R C W Y U M L T
R D R G L M E X A L Z P B
R K N Y R R N C G O J N H
T I Z R S Z E Z B R D Q V
K Z N B P B R V T D B B T

*They will wage war against the Lamb, but the Lamb will triumph over them because he is LORD of lords and King of kings—and with him will be his called, chosen and faithful followers.*

WAGE
WAR
AGAINST
LAMB
TRIUMPH
OVER
BECAUSE
LORD
KING
WITH
CALLED
CHOSEN
FAITHFUL
FOLLOWERS

# FAITHFUL AND TRUE

## *Revelation* 19:11

K K Z J W J Y L N N N K P R
S T V W M Q J E Q Z R R I Q
D S J W Q W V T B Y K D A M
E R E V L A J U D G E S B W
N S M N E Y G J W R V Z D B
B B R H S B B H T L T Z T B
R R W O D U I K U D J M Q X
S M O Y H T O F D E L L A C
L E Q P E V H E G V U Z N Z
T S K B E T J L T M J R D Z
H A N A I N X T M H L M T P
E W N A M N E J D J G V D Z
N T F B B L R D R R B I X L
N K L P Y P B N D J M R R R

*Then I saw heaven opened, and there was a white horse! Its rider is called Faithful and True, and in righteousness he judges and makes war.*

THEN
SAW
HEAVEN
OPENED
WHITE
HORSE
RIDER
CALLED
FAITHFUL
TRUE
RIGHTEOUSNESS
JUDGES
MAKES
WAR

# THE WORD OF GOD

# Revelation 19:12-13

B N D B R K W L L I T B V J
L D L E D O N D N P S E Y E
O D A D H Z B S E S N T Y T
O L T E T T C E M L W T W V
D B D B H R O E N J L O J Y
R L T M I R D L Z R D A R R
V N Q B K A N E C L L G C D
D M E H I L M Z S N O Z K N
E D T D I A L X W D J Z J D
P Q N Z L M D D O E R I F T
P W G F R T S R N K L N Z V
I N N G J Q B E K T A D T X
D Q M G W L W V L M Y Z V R
G P K W Z R V M E F Y J B G

*His eyes are like a flame of fire, and on his head are many diadems; and he has a name inscribed that no one knows but himself. He is clothed in a robe dipped in blood, and his name is called The Word of God.*

EYES
FLAME
FIRE
HEAD
DIADEMS
NAME
INSCRIBED
KNOWS
HIMSELF
CLOTHED
ROBE
DIPPED
BLOOD
CALLED
WORD
GOD

# THE ALPHA AND THE OMEGA

## Revelation 22:12-13

R R D G D L Z D A G E M O
G E N L A N H Q N N T D Z
N P C S O C E I Y D D D B
I A T O A H G Q T J Y D T
N Y L E M N E K Z D L D B
N G D P I P R B Z L R B Z
I F N R H E E S O O N V R
G I B I P A N N W R W B T
E R N L M Q Y O S G X N J
B S V N G O M Y D E X L D
Q T P T T D C Y R W W N M

*"Behold, I am coming soon, bringing my recompense with me, to repay each one for what he has done. I am the Alpha and the Omega, the first and the last, the beginning and the end."*

BEHOLD
COMING
SOON
BRINGING
RECOMPENSE
REPAY
EACH
DONE
ALPHA
OMEGA
FIRST
LAST
BEGINNING
END

# TREE OF LIFE

# Revelation 22:14-15

S R E T A L O D I Y P P Y
T Y P T M B R M T R W Z L
E D I S T U O J A L B T D
L R D Q X N R C M W L O N
R N Z O R G T D X Y G B P
Z O I T O I B L E S S E D
N C B M C H G L N R P K J
P Q I E M M E H I T E M X
Z L S G S O G S T F W R C
Z Z T N A A R J L A E I S
R G R R T M B A S A T R P
J M J E E D R H L Y F G X
B T S M N E D D L B X T Y

*Blessed are those who wash their robes, that they may have the right to the tree of life and may go through the gates into the city. Outside are the dogs, those who practice magic arts, the sexually immoral, the murderers, the idolaters and everyone who loves and practices falsehood.*

BLESSED
WASH
ROBES
RIGHT
TREE
LIFE
GATES
CITY
OUTSIDE
DOGS
MAGIC
IMMORAL
MURDERERS
IDOLATERS
PRACTICES
FALSEHOOD

# BRIGHT MORNING STAR

## Revelation 22:16

T Z M N T T D S K W
S N L O H J E J B T
U Y A E R H J R L W
S T S D C N I Y T Y
E E H R N G I E W A
J D U I H E S N N G
R H I T N T C G G T
C A N V I G E S O G
N E T F A L S O E R
S X Y S N D R B N D

*"I, Jesus, have sent my angel to testify to you about these things for the churches. I am the root and the descendant of David, the bright morning star."*

JESUS
SENT
ANGEL
TESTIFY
THESE
THINGS
CHURCHES
ROOT
DESCENDANT
DAVID
BRIGHT
MORNING
STAR

# ANSWER KEY

## SHILOH

### Genesis 49:10

T G M E B W L O K Y B
L N T L R I J E T E D
N I M R T T L U T N S
R R M N A P P W D H U
P E U Y O P E E A A Y
J H V E R E E L C D H
T T P I N M L D V S R
E A C Y G H O L I H S
E G O B R W Q L L M G
F Y M W B M A N W D N
B Q E Z V Z Q L P M Z

## DAVID'S OFFSPRING

### 2 Samuel 7:12-13

A V K M N R M J P F J D P
G N R B A D L I U B N G D
N D C I H S I L B A T S E
I F S E D C F R M L K P P
R E O A S I O O L E M K L
P Y Y R L T D M N J M B L
S S D L E G O O E S U O H
F Q E O N V R R A F T E R
F D L I B H E R S N A M E
O Y K Z T T N R P L Q G T

## REDEEMER

### Job 19:25-27

E R Y E A R N S D
D N E K A T G E L
Z I D D N R Y O K
H K G T E O T R D
S S G L R E W H E
E T T T I A M Y D
L O S A Z V E E B
F E W D N S E H R
D R K N Q D W S L

## THE CORNERSTONE

### Psalm 118:22-24

J Q R L M L P R R Q N N M V
L P Y S X N G E W R N W R K
X Y I E P D J X L Z B P Q P
M H M N L E R E J O I C E L
T D M O C U R T B L R L Y D
M J L T T P F B T Y D D L M
A X E S Z B S R E D L I U B
D D B R B M T D E E W N V Y
E P Z E D L A N M D O W J D
Z J Z N B L G O L W N Y M B
J Z P R G J C N B Y A O L X
V R L O Q E M L I D Z P W N
T N M C B T Q V M O Z Z N K
T Q M V D D W Z Q V D M N J

## THE BRANCH OF THE LORD

### *Isaiah 4:2*

B S U R V I V O R S
I E V B M D G Z S Q
S F A L R L N U Q B
R R T U O A O A D P
A U D R T I N P L Y
E I Y H R I R C D X
L T A O Y I F R H G
R T L N D A O U D M
B G T E N L D J L D

## IMMANUEL

### *Isaiah 7:14*

D I L V S I G N H G T
L E M W I T H I N N K
I W V M G R M K O O L
H X Q I A S G C A L L
C S V H E N R I Y J W
D E N L T C U R N V W
S R F A D R N E W L D
O L O O E Q I O L T B
N B G L J M R B C V P

## GREAT LIGHT

### *Isaiah 9:2-3a*

K R Q Z K L N Z D K R D
D V J T I D N A B T S Z
M Z T V D B E X T S X B
D U E P E Z D N E I R Z
E D L X E D D N I V O G
S J Q T P L K E R H R N
A K V T I R P M K E S Z
E L N J A P R O A L L J
R M P D Z T L T E I A W
C D N A L Y Q I G P K W
N D G Y M O D H E X P N
I T Y D K J T L Z D G Y

## PRINCE OF PEACE

### *Isaiah 9:6*

E T N E M N R E V O G
J V G I V E N E L N C
S C E C A E P U S O M
F H W R S Y F D U T T
A I O O L R T N O E V
T L N U E A S H C G C
H D T D L E S N G A W
E Z N N L D I T L I V
R O R O M R E L I B M
W O R N P Y E R B N D
B B T N X D J D S Y G

## ROOT OF JESSE

### *Isaiah 11:10*

D W E L L I N G S Y L D P
W L L A H S D V T L Z T Q
R I D S B Y N D A G T J J
S K N M I A R S N Z J E V
T U D Q T G E O D L S N L
H D O I U L N N O S R K X
A N O I P I R A E T M T N
T N Q O R R R L L V V V N
S B E N L O R E D Y Y L R
Q P P B V J L J M M A N Z
K D B X V M L G Y Q B D J

## SOVEREIGN LORD

### *Isaiah 25:7-8a*

M S R A E T D L B L M X
O D J J W Z R D T X V M
U S E N C O V E R S Q M
N E S S N V L F Z S L E
T L L O T A O L D X P J
A P T Y V R T L A I K D
I O T T E E O I W W U V
N E S V E F R Y O O S D
Q P E X N E L E R N E N
L R C E W O H H I A S T
M N A Y R B S S T G N B
Q N F D R M D H K R N G

## THE GLORY OF THE LORD

### *Isaiah 40:5*

Q X P Q G J M R M
R E V E A L E D N
A L L N O H O E X
B Z E D T P K R E
Z H R E W O L E Y
T O G X P I S E J
L O N S P B L T R
T W K B R D D L Y

## HOLY ONE OF ISRAEL

### *Isaiah 41:14*

D W O R M S W R
I E N L P O E R
S W C L O M N R
R J E L E R A E
A H A E A E D Y
E M D C F R L V
L E N G O O E Q
R N N V H B W S

## THE ELECT OF GOD

### *Isaiah 42:1*

U T I R I P S M S J
P W N D M F U E M S
H P Z E O I L P E W
O P Y R M I N R O D
L B T M T G V E E N
D H E N B A D L M E
D S E H N R I U L T
M G O T O G I E J L
Z Y T U H L C N J D
W Y N T L T D V G G

## THE ARM OF THE LORD

### *Isaiah 53:1-2*

M J B Q G R O U N D K W R Z
Y Y V V D L Y Y T R D L P P
T L G M W P B L N Y B M F L
U Y O T A D L D A K P O M D
A L J R Y J E A J R R P E D
E Z Y V D L E P N M M V D N
B G L J A K D S L T E W M D
D V T E P J L O T I N B E T
M R V G N U O Y L Y T S K L
D E A L R K M E M K I O B B
R Z T E N E B R Z R Z Z O L
L X D B H X W M E K K K R R

## A MAN OF SUFFERING

### *Isaiah 53:3*

S Q F N J M L D L D
V U I A S X E Q E B
E A F E M T W S L Q
P S C F C I I H E G
G A T E E P L L O E
F Q J E S R P I D M
J E J E E O I I A W
R L D Y E M H N W R
Q O M P M D A K G R
P W K B Q M Q R Z D

## THE MIGHTY ONE OF ISRAEL

### *Isaiah 60:16b, 17b*

S S E N S U O E T H G I R
I Q J D Y L T R D M Y X Q
L S X M N L E Z N R Y T N
M M R R Z M L Y Y N O D L
J I X A E R O I V A S L X
Q X G E E L B Q O K E W V
N P D H L L U N R A O E L
R E L Q T A E R D N K Z Y
R A D T Y Y S E K A D K P
L C R J D R R T M Q R M P
L E J Q V V N K K R L X N

## EVERLASTING LIGHT

### *Isaiah 60:19*

W N N J L L I W L G J D
D Q M D B X T D Q X G B
O M L O Y P T T L N R Z
G M R N R B W T I I X L
L S H I N E T T G B Y M
N N Q R J R S H Z B D N
Z V U N V A T Y G N W J
R O Y W L N L Y R I Q T
Y A Z R E M G O M O L B
D G E S O S U N R L L N
K V S O X R M R R D R G
E T N L P Q R K Z P M V

## THE RIGHTEOUS BRANCH OF DAVID

### *Jeremiah 23:5*

M T T G D G T Y T B G K L D
L T J D N N P V L O R D T B
D V G D N N P G N E W L Q R
E T U C E X E M J R S Y Z Y
H L L Q L S B U K R L I W M
C G Z R I D S D B E E D W S
N S N A N T Y Z R N A I U Q
A Y R I I G D U K E M O G Y
R A L C M D S I D R E X R N
B D E K W O N R V T P T M T
N X D J L G C J H A D T R N
D G J L A W W G D L D Y D K
Y M J D N D I J M D D P T L
V L Q B D R Z K P V V L Y Y

## THE LORD IS OUR RIGHTEOUSNESS

### *Jeremiah 23:6*

I Q D J Z Y Y P L J B D X Z
S S E N S U O E T H G I R T
R J V Q Z Y B M C T L V V Y
A M A Z D J C I L P R Q L L
E R S T W A H Z L O L W D Z
L Y G W L W Y J D W R M X L
W J T L D N R D U D T D J M
N Q E E W A N T Y D M Y B P
N D R X F G Y J B D A Z P E
T K Y T R A B S W E M H V Z
N X B R T Q S K R I M I B W
Y M L M R K V V Q Z L A W G
B J L M X D Z M L B L L N Z

## THE ANOINTED ONE

### *Daniel 9:25*

U N D E R S T A N D
J R E S H C N E R T
E E T N T Y W U M D
R S N R O R L O L J
U T I B O E E I N S
S O O S R U U E E K
A R N Y E B B V T W
L E A M E M E L O S
E T I R Y N O R E B
M T L Y S K D C M X

## RULER OF ISRAEL

### *Micah 5:2*

L H K S A Y D T M J L Z N
I Q A M N I M E L P O E P
T S O H S I H Q D B Z L Q
E N R T T E G B E H A L F
G G A A L A N I J E M O C
P N A H E S R U R R T L P
T A T L M L D H E O D L V
T E S A L A W L P Y L N O
B M L T H I U M J E L M J
N L W W V R V Q L N N Y D

## OUR PEACE

### *Micah 5:4-5a*

T L S M A J E S T Y
A N R T H A L J B T
E D L T R Z D N J G
R X R I D E D R M Y
G A S E K V N L O E
E E X C H I N G C L
N Q O S A P E A T G
J L D M Q L E N M H
F N E T J P N H O E
E R R W W B Z N S B

## THE DESIRE OF NATIONS

### *Haggai 2:6-7*

N Q T P Z Y R N V T Y J E
W R Q L V P M R D S X L E
D J N X Q R X H N W I S D
H E A V E N S O L H U R K
L M X M B N I S W O O Y T
I T O T M T T T H L L K Y
T C M F A D Y S E A R Y P
T L B N I R E S E A R Q Z
L K B K O L Y S H D R G Z
E K T L L L L N I A V T R
N Q G M D A L M J R K R H
R D L D R J N J X L E E V
J B Q W R J B D W G M G Y

## ZION'S KING

### *Zechariah 9:9*

S U O E T H G I R V N J
B J N D K T G N I M D V
D N E I O R U C J E Y Y
L A N R E N T O C O L T
O G U A U O K I H R W Y
W C T G R S O E I S L D
L L O I H J A D Y N L J
Y A O M E T I L O K Z K
J U O R E N E I E P V J
S Z Y F G S Z R P M X L

## MESSENGER OF THE COVENANT

### *Malachi 3:1*

C O V E N A N T R A S
B R D R E T E E L E S
E R P M G L G M N U B
F Q O R P N I D D N E
O C L M E G I D Y R P
R M E S H P E K I A R
E T S T T N A S E T W
L E Y Q L B E R T E M
M O J Y T D M G E N S
N R R M M G X T B R L
N Q T D B Q X L L X N

## SUN OF RIGHTEOUSNESS

### *Malachi 4:2*

S S E N S U O E T H G I R S
L E R U T S A P F E Z Y E N
E E X R O G L G E T K V O Q
S W A U L P D G A J L I L J
I M T P W P Z N R A M X L J
R Y V I I X Z I C W I N G S
N F L L L N D L N N L T J Z
Y L R L B K G A B B N Q N V
D N N E J D Y E J U W N P J
N W A Y E X D H S L L T M Y
G Q M J N X N Y Q T P X P Z
L R E N J R W V G V P D Y Q

## JESUS

### *Matthew 1:20-21*

D I A R F A Y R A M Y K D L
O E V I E C N O C G L E W Y
R D Q J J H D A Q M R B D T
E N J V P Z R T N A E B L N
A X V E R K O K E G N V N M
M S S R R B L P P P E J A G
D O P P E O P L E S E L W S
J Y J I Q A R D R S N M W T
D L B I R T H M U B Z I W X
N O J W D I Z S J M P I S K
D H G L M V T T B T F Q K N
J G G L L B M Z V E X W T Y

## GOVERNOR

### *Matthew 2:5b-6*

P T L B L M N Y M Y Y B K N
R Z D J Y J N J J N E G B L
O B J N U P B M N T O V E X
P J B R S D W T H V S A I L
H W E H Y X A L E E S S G R
E B A L Z B E R C T R U L E
T L N N P H N N D A T M L Q
L T V J E O I E E N G W T Y
T Q L M R R E L T N A M J B
C M B N P M J P O T V L N D
N O Q Q N D B M K X I W D G
J L M T D Z A Y Z Q K R Y L
Y Y M E T P D W X V M J W P

## SON OF GOD

### Matthew 2:14-15

R E M A I N E D I N E W
F T R M D N D E W L Y Q
U H Z E I L H O N D H D
L B T G H P I E R P G Y
F P H A O T K H E E C K
I T E R E O O S C A H J
L O P G P D O M L R L R
L O D S Y J G L N O S Y
P K M Y Y P E R R N K V
B K J X D D T D N J V M

## NAZARENE

### Matthew 2:22b-23

H T E R A Z A N L M T P B
S T E H P O R P N O D M M
E N E R A Z A N W H R L Y
M E M W D T J N G M T B B
D E L L I F L U F C R M D
L L W D T T O D I D M V N
I I A T E R H R D R E A M
V L R R H L T D S P W G R
E A N T L S L A R T M D D
D G E K I T I A D E Y Z Y
Y L D D Z D T T C V W Y V

## THE BELOVED

### Matthew 3:16-17

G L X Q Q W N V T G E T M P
Y N Z T A M O W N M X D G Z
Z Z I T D I S I A B R T B Y
O H E D C E T C E Z I N Y K
P R E E N H Z L L R L D Z R
E L L A G E O I I S U S E J
N D E I V V C P T V W X R N
E M L A E E S S W P J K J N
D A L D S J N R E D A K N T
D O V E D E L S L D G B M M
Y D T L M O D Z L X Q D V M
Q W Q X G X G Q D N B X Y B

## THE BRIDEGROOM

### Matthew 9:15

B N E K A T W Q J N
R R J G U E S T S G
B K I Y D T D W R J
W W A D O M I A E J
Y W I N E T O S Y D
A N N C H G U U I S
G A T F O S R A R Z
C N A H Q M S O Z N
R S O N E T E X O N
T Y P L G N D D N M

## SON OF DAVID

### Matthew 9:27-29

M P P D C D T E X D
E T W A N R V P E G
R Z O I S E Y W V S
C D L U I S O I U N
Y B A L C L E S N E
L F E V L H E D N G
O B A O I J E O Z E
R Z F I N D D D L S
D W Y O T Z X B E D
R D S V R H A Y M N

## GOD'S DELIGHT

### Matthew 12:17-18

S P I R I T L T J D L
K T L E C I T S U J Z
L S N L P S Y E L B M
P E E W I T P H V X V
I R S N K F G O T O D
S V O L A U L E K E L
A A H C O T H U L E V
I N C R L P I I F Y N
A T H L O A G O L L K
H T X R B H I N N X Z
R Y P N T Y W M V S Y

## PROCLAIMER OF THE HIDDEN

### Matthew 13:34-35

S P O K E N D L R O W
E F M Q W S H N N W F
L P U L Q T P Q V O D
B R K L U H J E U R P
A O L O F E I N A R P
R C M J S I D D O K C
A L N U D A L P D R M
P A S E T Y H L O E L
J I L I P E T W M J N
Y M O Y T O D L V J D
N N D M W S L T M M V

## THE CHRIST

### Matthew 16:15-17

C H R I S T L D M F
Y S J W B N E H A J
Y I X L Z L S T P J
L M O B A E H E E M
G O R E L E T S B N
D N V F R E U W E D
G E I N R S S V H D
R O O V T D A S N O
R S D Q I E N Q E Z
K M T Y H L J L Y D

## THE PROPHET FROM NAZARETH

### Matthew 21:10-11

M B N Z X G D J N W T W
E D E R R I T S H O L Z
L N Z Y Q D Q O H Q M Q
A A S L J V L W M Q Z W
S Z Y D Y E N T E R E D
U A N S W E R E D P K C
R R T J P O E D R Y I T
E E T Z E L R O E T Y Y
J T M Y I S P C Y K T K
D H V L K H U W Q T S Z
P D A R E R V S P P P A
J G N T Z T K Z T D Y V

## ALL AUTHORITY

### Matthew 28:18-20a

N N G V S P S Z W J D L K T
Q X X N P G J O J E R J R D
W J P Q I M J Q N S L P K H
M A K E R H N G E U L L E K
W R U K I R C L R S J A W N
B Z Y T T M P A K L V R E H
A G Y N H I H Y E E K V O J
P S D P C O T L N T I L J T
T T N S N J R R T G Y D D F
I D I O M V A I Y E B O A R
Z D Q M I N E D T D T T W N
I N L L T T M Y P Y H Z R K
N V Z T L P A M J E M R D P
G Z M P B R K N R X G X L M

## HOLY ONE OF GOD

### Mark 1:23-24

I M M E D I A T E L Y Y Z
S C Y G N Z K B X K W L W
Y O L T O N R R N M M M V
N M O T O D N Y N R G J L
A E H W I J O A D E I R C
G N A Z A R E T H V B R J
O O Q Q T L I S R Y D R T
G H E S C T Y P U R R W L
U W E N B V Y J S S J T R
E D U X O B B B W D T N M

## SON OF MARY

### Mark 6:2b-3

P Y M M V M S B M T T K P
R O Y K N W O R M J L Z L
N M W D C R R D E R N G J
X L B E A L E O S T Y W M
R Y Z J B Y F H T I S T N
R P R D P F D W T G W I R
D T O W E V J L D O Y D S
S N J N N S D N A H R J R
E E S B T B R N S M A B N
S E S D E E D A O M A E L
O R Y O R L D K E M V R T
N M B N J U J S M I I X Y
R P T M J Y Z P G T B S P

## PROPHET

### Mark 6:4-5

T S V E T S P Y S
E L E O X E I E T
H H W L O C V C J
P N A P C I E E K
O L L N T A S P H
R E A A D U R O T
P J L E S S N I F
W E J Y H O M E M
R Y A L R B W Z T

## RABBI

### Mark 9:4-5

L T S V N M T D L L
T E D U O E E R H T
G N V S S R D S B X
N T E Q A E A L R V
I S P E L I J A H Z
K E P E D E B D D X
L P K O T B R R N W
A E O A I E D E R M
T G T Q M J R P H L

## SON OF THE BLESSED ONE

### Mark 14:61b-62

T P O W E R H I G H R L D Y
H T N X W R R J B J L R T Z
G T E M J R J S M A P N X S
I P P X V L D J Q R G R E N
R Y M Z D U Q J I R D A B L
D C X L O N H E N N T V I D
W M O L M A S L T E O Q Y N
D B C M I T D H O B R S M K
D T L S I Y N E L B R L J V
J N S E J N Y A K S Y G X W
T E D T S J G V W S U L J N
M T N Q T S K E W V A S D G
J Z A T N Q E N X Z B G E R
B M H Q X P L D G L X N K J

## SON OF THE MOST HIGH

### Luke 1:32-33

A L D N H Y G J L T B Z Y
N V Q A D I D I S O N N T
C B M F V R G O V T J J Q
E K L T O I M H K E J M Q
S L I L T R D D P Y M L J
T G Z N N H E I S R A E L
O L R G G L R V E R Y V D
R G I E L D N O E W L N M
J E O A A X O D N R N J T
R W C D M T Y M B E B X R

## HORN OF SALVATION

### Luke 1:67-69

H R J Q L D D Z P R L
O B E O S E E E V Z L
U S R D S E O L E V L
S D A S E P R C L E B
E D E L L E H V A I D
T L E E V A M R A E F
B I T T R A S E S N D
H G R I I I T I D I T
O O A I D S A I V L M
L H R V P R I A O T T
Y T Q N G S D V D N W

## SUNRISE

### Luke 1:76b-78

N Y W R L B T J D T G J Z T
O L Q B M V E R T O J H G N
I E P M Y W N W D G I G J D
T B G L L Z D L A G J V Q S
A M R D L K E Y H Y Y G S J
V T R Y E B R Z G B S E D P
L J W L E L E S I R N U S M
A P O F Z W W P R E P A R E
S R O Q Y T D O V S L G Y M
D R B C I T N I N G N Z V Y
E Y R S R M G B W K Y I L B
J E I Q D R T D N M B D S X
M V Z X O Q N Q M D X R Y N
T B K F Y G L B B D W G M Q

## SAVIOR

### Luke 2:11-12

W R A P P E D H K Y
L S Y M W T A B B T
W B A B A I O A M D
C O T V S N B D R M
L R D S I N G O A W
O N E A W O L E G Y
T M S O V F R N R L
H R T I L I I V B V
S X J B G Y D N B N
V T J Y L N M P D Y

## CONSOLATION OF ISRAEL

### Luke 2:25-26

R E V E A L E D H Z L Y
T K I M P T Q L R O N B
U M S B E S I I Z O L T
O T R B I L G R I D S Y
V Y A M N H A T I I K H
E J E L T W A S R P T Q
D O L E N L A H U A S L
N B O W O D C I E R J T
Z U N S R D Y D T B E L
S D N O M G Y L Z I W J
Q O L J T R L R L J N T
C M J L J R W G J Y L G

## MASTER

*Luke 5:4-6*

G Y G N I K A E R B
N I G H T Y N N B N
I P E E D C U N E W
H S I F L M M T S X
T Q D O B A S I P L
O Q S E S C M R A V
N E R T L O A R R D
D W E M N I G T R D
Q R O Q K E O O C L
Y L T D L Z W T M H

## THE CHRIST OF GOD

*Luke 9:18b-20*

D S R E H T O L G W
N E L I J A H D C B
S Z R T Y Y S H L Y
T G R E S D R R T O
E R G A W I I J D Y
H V E O S S T N Y V
P N R T E K N P S N
O C G N E H E A A D
R K O Y O P Y D Q B
P T D J V R T R B L

## SON OF MAN

*Luke 19:9-10*

D N O I T A V L A S
B E H I M S E L F P
L A D J E S U S G W
C T B N G K H N T N
H O O R O E E O N N
O L M D A P U E W W
M G O E A H S R S N
E S V S M Y A E T P
B A O M T A L M R R
S R T N D D N Y J J

## CHOSEN ONE

*Luke 23:35*

H I M S E L F V M J
E G C H O S E N W N
R N D N D D X A D X
U I O M O D T E S D
L Y P O D C F R O T
E A T E H F E G S X
R S V I O H Y I L M
S A N C T P R V L V
S G S O X H L B B P
L L D K C T J E Y L

## KING OF THE JEWS

### Luke 23:36-38

N O I T P I R C S N I R
F S O F F E R I N G L D
L A Z W G J J S V B B Q
E V T R V N R E G L Z D
S E G K A E I N W M N Y
R R D N I L I K O S W T
U E R D I Y S C E N I W
O V L U A M K O Z Q J Y
Y O B S O E O J V N Q M
S J X T D S G C T D W T

## THE WORD

### John 1:1-5

D A R K N E S S E D B L Y G
E M O C R E V O V D S L J N
W X G N I H T O N H A Z Y L
O L I F E H R S I N G M I L
R G B Q R L Y N G N T G K Z
D O R O J R E G I N H Y J V
V D U L M S L N M T I N K T
D G X L W A N M N M L H G M
H V T A N I N L X J N G T B
R T X J G B T K G N P R X R
T X D E J R Q H I R D M K Y
Z Z B N R Z N Y L N N J P D
P Q D B Z Z P N Q Z D Y V J

## TRUE LIGHT

### John 1:6-9

E V E I L E B Z P R J K M
V T Q M B G P G M V Y B T
E L S X M G T M N N T E V
R G D I T H G I L I S P N
Y Z W I T N E S S T M L T
O L Y T N P J D I Z T O P
N Q L J L Z A M D S E L C
E T O E J D O B W U E M R
D H D G T N Z B R O L N T
N O X M Y X T T L Q R G T
G M V J K J G R N L V L K
V Z L R L N V M R L Z K D

## THE ONE AND ONLY SON

### John 1:17-18

P I H S N O I T A L E R Q
S E E N T J E S U S L N Y
P K G O N S B Y J A K W P
V E A M R B E D W L X R W
C M C W N E T S G I V E N
E H D A H T H W O E N O K
K Y R T R O T T X L N Q P
J W U I L G N K A W C W M
B R S E S O M L O F N K R
T D W M N T J N Y O Y Y N
Q N B X B J K X S K L P B

## THE LAMB OF GOD

### John 1:29-30

G M P J D B Y G M M X N P
M R R R R M S T O T G Z R
Y L Q Z D E B D J D N R D
W S I N M R M Z D E R E S
B E F O R E D R J E S E J
T G C W N L A L T S K U Y
M L J A R W B F A A L B S
L V M O O N A P T L O O K
A X W T H E R R L L Z M N
W L B O N U V W X A R Y X
A X J O S D Y D B D M X N
Y K N P D N R L T R L B K

## MESSIAH

### John 1:40-41

R W J N H O J M V R
E E E W P T E K L D
H R S T M S P M E Z
T D U B S T I W L J
O N S I S R O M V P
R A A I D L E D O T
B H R W L R N T O N
M H R O E U A L E X
C E F D O N D E M P
Y Y N F G N T G H L

## THE BREAD OF GOD

### John 6:32-33

X K V G E T G O D M T T
Q T D D X F X B Y B J D
R Y Q L Z H I M P R J Z
E K L Y R S E L O G M V
H Q V T N O U A N S D Q
T J L E T V W S V A E D
A J V R E V L T E E X S
F I U R E K T R D J N Z
G L Y P D U B S E M O C
Y T E L D O R P N X B N
Y J N K R K W T D W R Z
L M K L Q J P N T N Z B

## THE BREAD OF LIFE

### John 6:35

M D Q D W T J G B Z N S
R R N T H I R S T Y U D
Y B B R O X V X Q S N Z
B B T Y E B J X E Z W Q
K E D M V S R J L B M T
C N L Z E L A E R B D G
N O Z I R H B I A R L L
T E M M E T U R D D D E
P N V E D V M N L L F N
P Y M E S T E L G I D Q
M R Q Z R Z I S L R G N
Y J T J W W Z D Q Z Y V

## LIFE OF THE WORLD

### John 6:51

Y B N W D M L F A T G Q
G Y Y A R H O N C Y B Q
T N E X E R Y A W Y B D
F R I A E O M O E V I G
B L V V N E R N N D Z G
W E E E I L F W T H I S
N R A S D L O I T X L D
N D T J H D B B L L L J
M B S W I L L L I V E N

## THE LIGHT OF THE WORLD

### John 8:12

E L E A D S K L A W D W J
L Q M E W B Z P B R J Y Q
P D O V L T J Y J Z R R M
O W R A R D E M Y T Y R W
E Y E H Q K X M N N B O V
P R D R O T R Q D J R T T
K Y T P H W E A T L M E R
M R S G O L R S D M C R L
L R I L G K S M U N R T L
L L L D N Z M U O A J N R
Z O I E X R Y Z S T C K Y
F B S F Y J X Q P E R E J
T S D B E B M L D T J N B

## THE TRUTH

### John 8:31-32

T B D M D W T W M M D B
H S T E A C H I N G B M
E E R J J T B L D D Y Q
N L G E U E S L E T Z R
E P T R A E S V D L O H
E I T T T L E U R B R T
R C S J B I L L S J N Q
F S D W L R W Y D R T L
M I T E E O Y D B D X R
J D B T N J T Q M M D B
K Z X K Q N R W D T P W

## SON WHO SETS FREE

### John 8:34-36

Y J Z Y L Y N B Z D R Y E
P E R M A N E N T E L E M
H E V A L S V T B I R X X
S T S T E S X M M F T Y W
N X U F W N E A L M E P J
I R N R O M F T V V T J M
S G Z M T R Y T E W E V B
D N Z D J D E R T S R Z Y
T E L D M T Y V U J L Y Y
N N L P S O R S E K M J Q
L X K N N O M A G R P X R
R D V E M N N Y P B Y R Y

## I AM

### John 8:57-58

D N R O B Y K N E V E
E P M B D T T J N J W
R A E L D F S B L J T
E M O O R I D E B Z Y
W M A Y P F A E E Y G
S J J H T L F S E N W
N N E R A O E A X T T
A M U S R R R Y E G P
T T Q E U S B L S A Y
H Z Y W Z S L A Z K D

## THE DOOR

### John 10:5-7

U R Y N N D J N F R X R
N L E W V E L O M R Z Y
D P P G S O L O G L B P
E K Q U N L I N T L P B
R T S N O A I C T W N G
S B H W L Y R T E L K P
T K M I A S R T N A E M
A D N S N U H T S R L N
N O L O L G Z E F L E E
D O K Y W T S V E B X D
Y R J Q Y K R V M P X Y

## THE GATE

### John 10:8-9

D G P A S T U R E J D M T
E L A E G R E L S G D Y M
N R Z T R V E R L T N Z T
E S D T E O E T H A X N D
T N H O H B F R N M G J B
S S H E B I O E Z E L D X
I W A O E U E M B D N I F
L Q R V G P M V J L Q K N
D K M H E M O J E J L N T
T Y N P B D C R M S M Q Y

## THE GOOD SHEPHERD

### John 10:14-16

S V O I C E D O N Z
H K C O L F O N N J
E G J B R Q O E U R
P P N J L L G S E Y
H E R J K N T H T G
E E J E E N T W N D
R H F T H O O I M N
D S S I L T R W W L
M I D A L B A O N Y
L R Y J V G D F X M

## THE RESURRECTION AND THE LIFE

### John 11:25-26

W Y B P S D L E M M D T J
N M D J U D V R V M N T Y
M O W Z S L Q K B E H T E
B D I J E T I L E O N V Y
R E S T J D K V U S E Y T
Y E L A C M D G E R O M T
M J V I I E H Y Y J K H L
W X D E F D R O J L Y L T
L I K L N V N R I N I X N
E R G N X E E F U W G M N
B N T P Y R E N L S Z N N
Y M M Y D L W P R J E L Q
W V X L V D D D G T D R V

## TEACHER

### John 11:27-29

V M Z M E S S I A H T Z
M X G E N Y X M S W Y R
P T M D A T L R D L S Z
S O M W Y D E E E E V M
C O L G T N V T Y D P L
G A N T R E A J L S X B
W J R U I I A R B E Q K
A L O L D M O C W E N T
N M E E N W A L H G J D
T B M V L L O R D E O L
S M Q P K K Q N Y N R D
I Q X J T Q N X R X Q V

## THE WAY

### John 14:6-7

K N O W E S T D H
A D R F J P E G Y
D N I M E E U E Y
F L S C C O S L N
A Y X W R O L U H
T E W H E A M T S
H W T E E R U E K
E A W R L R E V S
R Y X Z T L N D J

## HELPER

### John 14:16-17

C L T N Y T Y D Q H Y D Z V
A K N R F A T H E R L N X Y
N B D E Z D Y L D R K K X K
N G R V J Q P W O M R M B S
O J V E N E M W E G Q M L N
T Y R R R B S V J B I L R H
X N Y O K R I P G K E V T Y
W Y M F M E E N I W Q U E K
G D L J C N E H D R R Y N J
K Y S E M I T Z T T I O L X
S B R E T L B Z B O W T Z R
A V K H E G T L T S N N M B
P J E L P S D P Q P K A P V
Z R N L Z J P P J D K V M G

## THE TRUE GRAPEVINE

### John 15:1-3

M R W Y T M P G W W V V Q M
S A R X N T O E Y N X R T Q
D E R B I C U R P R Q D D Q
T B N U X R U R E Y M V T B
B R R U T H O T R X W P P Y
D F N T R D C E S Y V G Z R
P R X R U P V N W L R M K L
U Y E C M E K P A A J Q J N
R D E N Q E R T P R R M E N
I A G D E R S E R V B N J Q
F E J Q Y D V S D E I D M N
I R N Z R I R J A M H M Y Y
E L Z P N V Y A G G N T N M
D A P E Y J M Z G D E R A P
G M T T Z J M T G V T Q X F

## RABBONI

### John 20:15b-17

D T M M M X R M S T R D G
W E B M S A L U E L T R M
P L Q U B G P A V M X X X
D L S B X P C G D B L Z X
R E O D O H A S V L K M X
J N N S E R C I A M A R A
I D I R D I Y A B I Y D Z
Z N I E U R R T W K D M T
G T N A A T Y R N A R G D
D E D M L D B K A D Y Q L
R L Z P R D R V B C Y W B

## LORD

### John 20:27-28

D D S T L D T B X N D J
E O B A P R W D T V B N
R U M E M M K G T B Y W
E B F N L O J W Y B B H
W T V I M I H J B M A L
S T G B N G E T H N Y T
N D L R M G X V D E M W
A R E A C H E S E R R Y
S Y Y M B Q D R M D O E
T A T N E G I B R W W L
P U I E O L S B R D J Z
P D S D J D Q Y B P Y X

## THE AUTHOR OF LIFE

### Acts 3:14-15

A L T P V L D K V D G Q
S N I V P E D R J Q K Q
K L L F T N E R B Q J W
E P D N E R D R V S I T
D N A Y E E L Y U T N R
D R Q D A D D O N H O B
G E R D D E E E O H D Y
M U N J S T S L T E G K
M L W I H S Y U L M N B
G J A G E B A R T I D O
O R I S J D Y R B X K Z
D R X Q Q K K L T L L L

## GOD'S SERVANT

### Acts 3:25-26

X C Y W B T M T P G T K
R Q O N F T N R S U P D
H A Y V Y A O A R R E J
M C N T E P M N V S I T
A D A C H N I I C R D F
H Z E E E N A E L E E T
A R T S G S N N K I E S
R S A R S D T C T A E D
B R K I A E I O R N P S
A G T N S W L T R D E M
T Z T N Y E H B D S O S
Z S M J K K D L D Y R G

## THE STONE THE BUILDERS REJECTED

### Acts 4:10-11

T D P O W E R F U L
R L E A R S I S D L
C R K I D S R X N T
H N E E F E T A K R
R E A J D I Z O A G
I D A L E A C I N S
S E I L R C S U U E
T U M E E E T S R D
B Y N A D D E E O C
M E N M N J W G D J

## THE NAME BY WHICH WE MUST BE SAVED

### Acts 4:12

R N B M U S T X B T
P E E T N G J P Y M
M P H V T S B N M P
N O I T A V L A S N
A Y R V O E L S E R
M Q E T N P H L E T
O D Z E A C Y D M E
N Z V B I L N M M L
G I N H W U S A V G
G J W P K T N Z K J

## HOLY CHILD

### Acts 4:27-28

E L P O E P C E N O D
D T P H S H D T L E J
M E O I I U O O R B A
S L N L L G S E R N Y
Y E D I E A H E O E P
I N L T M T T I J O H
J S H I A R N E N L H
H E R G T T E T Y T R
R A P A E N I T U T D
B N N D E U E R E V J
D V M D S L T G X D Y

## HOLY SERVANT

### Acts 4:29-30

M P M H W O N D E R S
I S R D E W O R D S L
R E Q E T A E H U K N
A R G R A W L S A S M
C V R T O C E I S N H
U A E P L J H E N C D
L N A Y R O N I T G E
O T T A H D R E N V R
U B E L L O R D I G J
S H R O N T L G Y X B
B V B X S D T Y J R Z

## THE RIGHTEOUS ONE

### Acts 7:52-53

P E R S E C U T E W A L
D D D X M N S S K D M D
E R L N T U R L E V E M
L D I B A E R C E Y D N
I P Y G H H N D A G R P
V B R T H U E R E E N K
E C A O O T T R C R I A
R F O N P E E E O L E N
E K N M B H I O L F N D
D A E B I V E E U O E W
T R Q E E N D T J S N B
D M J D P G G B S N Z E

## LORD OF ALL

### Acts 10:34-36

U G N I H C A E R P M J M
E N A C C E P T A B L E R
G O D Y R E R R F E A R S
A I G E A E T T N P V V Y
S T I C R I T O T H G I R
S A E S A S Y E S P E A K
E N L L R N T U P D T Q N
M L I W A A S A R K N Q K
A T D Z G E E O N K B N N
Y Q R X J Z L L D D L T R

## JUDGE

### Acts 10:41-42

Q A D N R N D D S T C
K P P R Z M E E E O D
P E O P L E S S M A R
S E X X O S D M O O D
E T N M E I A R S H Q
E A E N G N N E A H C
N E T S D N D T C N M
L I G E T O I A E M K
W R D D G I E V T D Y
D R R X U R F N I Y D
K B M V P J R Y V L D

## GOD BLESSED

### Romans 9:4-5

I M E S S I A H L X B B
D S A D O P T I O N L L
S T R B W Q G Y M P N R
S T R A F O R N A T T N
E Y N X E O R T O D Y G
S D D A L L R S N L N P
I D E G N I I E H I E X
M F O S A E T T V I L B
O D L R S N V I E E P X
R L C E N E G O K S R B
P H A P S P L D C K R V
S T G W D H M B X G N L

## THE DELIVERER

### Romans 11:26-27

G M J M T J X N T N J
D O T N A N E V O C J
E D D W R I T T E N A
L Z T L S A V E D L M
I B I U E M T T L Z Y
V Y O O R S R A W T L
E A R C N N S W K E D
R W S Q A Y Q N A E C
E A I M A J N R E O T
R W N W Z T S Z M S T
R D S Z B I W E K L S

## POWER FROM GOD

### 1 Corinthians 1:22-24

T D J S B P B S G J F
K V E L E O R N W O X
K C O I T L I E O E G
W C H H F L I L A R J
K I Y R B I I T E C C
R T S M I S C E N A H
D E U D H S K U L E S
D T W N O S T L R N G
S O E O T M E T G C T
J S G P P D B I M L M
S B M Y J W S Z W G K

## WISDOM FROM GOD

### 1 Corinthians 1:30-31

S Q M T Y D N G B J N L B S
T A J B E C A M E O L R S Y
S L N K M R R J N T A E J R
I R V C K L E E D Z N S J V
R L E J T S W Q D S Q Y T W
H S B D U I J R U R D O G S
C G O S E L F O I L O R D V
K V T U Q M E I M T D Z M D
R P T K R T P B C O T L P T
P L N T H C B T L A D E Y Z
N N L G R M E L I G T S N Y
P B I Q W J X Y I O R I I L
J R X N N N K B Y F N B O W
L B M P N T L T T Q E Q Y N

## LORD OF GLORY

### 1 Corinthians 2:7-8

D D L M S V J N Y C Z D V
O E T X R E E K R J J N G
O E X L T D C U S P E A K
T R Q G D G C R R T R Q M
S C Q I L I M B E U D Y K
R E H O F O E Z L T P R D
E D R I D F S E H C I H W
D Y E S O D R E N J D T M
N D I R R S D M G O K T Y
U W E O V L M B G A N B W
G J L D X J T M L M Z D D

## OUR PASSOVER LAMB

### 1 Corinthians 5:7-8

U S Z R C H R I S T D
N F S N E M T T G E D
L Y E E R V H U C V K
E D T S N C O I R E L
A I T I T D F S E T T
V R M A R I E P S V L
E Y B A R E V K D A D
N M E C L L C A C M P
E O A A A I E N L I J
D S L M S R C P I J W
Z P B D B T N E D S J

## THE ROCK

### 1 Corinthians 10:2-4

F O L L O W E R S T B M
D J S Z K T B T R S Z Y
F E G E S C R M P A E S
O P Z I S A O I X C M N
O X R I V O R R L T M Q
D H B E T I M O D R N B
C Q L E T P U R E M Q Q
Q E M U L D A T Q A D L
D A A L R N A B T D R D
S L A G K W M E L T B K

## HEAD OF EVERY MAN

### 1 Corinthians 11:2-3

E D N E M M O C M L T J
V Y N Q R D R Y Y R T D
E N J A K E K D A W E X
R W I J T T M D R R X T
Y Y R A K S I E E W S Q
T W H R T T R V M I R H
H Y N U I N I E R B E V
I T R O S L I H D A E W
N N N E E B C A D N I R
G S A D V D A N M F U G
R K L M L E L N E L O M
R P X K R T T K D D N L

## RISEN LORD

### 1 Corinthians 15:3-5

T D E S I A R M X S M
P N T H I R D D E A D
A T A W B T Q R T S L
S S M T S U U D N J Z
S I T O R T R I D W M
E R M W P O S I M W T
D H Y I E E P L E D J
R C R A Q L T M I D M
D C M G D W V E I D L
S R Y Y R R D E R M D

## LAST ADAM

### 1 Corinthians 15:44-46

W F R B G T E Z Y S Q Y
R I P A S N G F P W R B
I R W A I N I I I L T N
T S L M I S R E A L Y T
T T M V T I E R B P T N
E Z I O T G U D N W O S
N G S U B T G N I V I L
N L A O A M R R L R B V
A L D N Y R R A D A M K
M Y N D J Z X N D J N L

## THE HEAVENLY MAN

### 1 Corinthians 15:47-49

A D A M M E W P D
S T N A M H K Y L
D O D F I E L I Z
N E M L I N M C L
O L E E E R H A E
C P T V D R S A C
E O A S I A R T T
S E Y S U T Y V X
H P T Z H D V M Y

## IMAGE OF GOD

### 2 Corinthians 4:4-5

P T S I R H C V D L D S
R N K W L S Q L G D R R
O B Z N O Z U N Y E D L
C L L N M R I S V D G L
L I S R G E L E E T Y M
A N R T E O I D T J E R
I D Y S N L S L I G H T
M E S R E A V P A X W K
J D D B O D V M E L J R
X N N M O L I R O L Q X
Q U I G T Y G R E N D Q
R R M T M B D V X S L L

## INDESCRIBABLE GIFT

### 2 Corinthians 9:13-15

I N D E S C R I B A B L E N
G O Y T E S T I N G R A C E
N I Q R X V T P G X O W Q P
I S V Q T F N L K B T B R R
S S Y T I S O R E N E G N T
S E H G S R I D M G Y K X N
A F Z A I I I N O Y Y Y Q W
P N G F R E R S I A Z K X M
R O Y N N I P H R M D Z T D
U C D C O E N P C O N T X X
S K E R L L Y G G T Z B T B

## OUR HUSBAND

### 2 Corinthians 1:2-3

B T S I R H C D I A R F A
E B P V T N O I T O V E D
T G R B D E R E C N I S N
R V E P T N T X D V T T T
O Y S U O L A E J H T N B
T A E E L D V B O Y N G Z
H R N B R I I U S I W Y Z
E T T Z E P G V G U V L M
D S Y C U H E R I B H J L
M A E R T T I N M N N V T
L D E S X V V L T G E Z D

## HEAD OF THE CHURCH

### Ephesians 1:22-23

E H I M S E L F W L
V A F I L L S A L D
E U B E N E F I T E
R T J T D U D U T W
Y H C O H A N E L H
W O G H E I L D C L
H R B H R P N R E E
E I T O M I U G D R
R T L O D H S A S T
E Y C R C Y M T Z R

## CHIEF CORNERSTONE

### Ephesians 2:19-20

E F H O U S E H O L D D
N O Y C T W C P M J F G
O U S K I H O E Q O L S
T N L T I T M L R R T R
S D A E R B I E L E T T
R A F P E A I Z H E S L
E T P R O G N P E I F W
N I S E N S O G R N J K
R O W E O R T H E E S D
O N R J P P C L S R M Q
C S K L Y K L U E K S D
Y L K Q L T S E Y S B N

## NAME ABOVE ALL NAMES

### Philippians 2:9-11

D E U G N O T P N
E M L D R O L A Y
C K N E E O M L T
L H E A V E N S A
A S C A J A E O E
R U A Q B H T A H
E S L D G O R E W
Q E P I O T V O D
R J H X H G B E Y

## VISIBLE IMAGE OF THE INVISIBLE

### Colossians 1:15-16

E J B V T N E D G E M E N
X L Q V Q S E A V K R P X
I Y B G A T I E R O V R M
S Y N I A N R R F T E L T
T Z L E S Y Y E H A H N P
E H R N T I B T L C E T Z
D C G H E N V M H M G O D
N O I U M V S B E I T R V
T N V Y O Y A R P M N T L
G A Z E Q R P E A Z Q G B
Q L P B R U H G H Z L V M
W L Y L S J E T P G K X P

## SUPREME OVER ALL

### Colossians 1:18b-20a

D G Y R E V O D Q T J B B
E N B E G I N N I N G K W
L I J P V X L X S B K J R
I H V W L T M U Z J R H J
C T B F G E P P D D G T N
N Y R L U R A O M U L N L
O R I X E L G S O D H L R
C E S M V N L R E I A B Y
E V E T L E H N M D R E B
R E D J S T V S E X J Y D
R R R X P I E I X S R V Z
X N T N L L R X L T S N N
Q D Q R F L X H L D Z J R
Y Q P Z G D A P C D V M Y

## THE HOPE OF GLORY

### Colossians 1:25-27

D S Z N D B N W R L S C
G M T R J W R E P E O T
E N O N O P V T L M T R
N W L N I E T I M N N S
E T K G A A T I A N E T
R H J L E N S V Y H S G
A I E R E S R R C I I Y
T D G G I E E I R V R E
I D Y O S T R H E O P Y
O E N Z S R C N L O X Y
N N R Y R X N G H Z Y L
S K M M Y V R N Q W Z Q

## SEATED AT THE RIGHT HAND OF GOD

### *Colossians 3:1*

G E T R Q M T S Y P W M B R
N V V T R B S R E I E D V Y
I O J Y E G A R T A Z E W N
K B Y E N I L H M J T T K Q
E A N I S Z X M T Q B E Q M
E V H E R T W H N V R Y D T
S T D N E R E H W Y J L N K
J V N Q Q R Y L Y K H D R W
V D T M E C H R I S T A J D
J L N F L G L L I T J P V G
W D O A Z Q M K G G M B G E
M R O Y H X L N Y X H X N B
E X P G N D T R Y K J T L N

## OUR LIFE

### *Colossians 3:2-4*

D Y R O L G T D I E D
E R T R D H R H B Z W
L M U S I Y I K P N J
A O I N I D E A R T H
E B G N D R L R P T Y
V S O E D S H E F I L
E N N V O S R C Q J J
R S E T E G O D N Y M

## OUR DELIVERER

### *1 Thessalonians 1:8b-10*

J E S U S N D T D E X J
W D D Y E O D D R N M D
R T E V G E H E O L D B
A D A L S T H S D B M J
T E W I I W L I V I N G
H Q A A Y V H Z E Q R G
T R F R I T E V B D K X
J R E D R T R R A B T D
K V U O L E K E S D K Y
E N F E S K D K M N R R

## OUR STRENGTH AND PROTECTION

### *2 Thessalonians 3:1-3*

S W N L K T R M D J T R V
P E O L R E J E X R N Z N
R L Q R S R I T O E D M K
E P D C D F C U H R H T R
A O U B I E B T O T V L D
D E W R T L G L I R B G V
D P O O E N R A P I D L Y
L L R S E E F R G R M D N
G P O R V P A Q X W K W X
M M T I T Y N N W X P Q Q
E S L Q L W V J N Y Y L J

## OUR HOPE

### 1 Timothy 1:1-2

J W D N S G Y T W Y Y
P E A C E A D X J J V
A P S J W R V Y Z D N
C P R U O H H I Y D R
O N O L S T O T O E M
M F T S O K S P H R E
M A L M T I Y T E C Y
A I I Y R L A Y A C D
N T M H U F E R R O X
D H C A Z R G E G N X
P Q P Y Y N M T P Y Q

## KING ETERNAL

### 1 Timothy 1:16-17

L E V I E C E R S N P
A G L F D K H I M A P
T E I B I I N R T X E
R L L N I N S I I S Z
O E G P E S E P N S L
M T V R M N I E L A T
M S S E C A M V N A M
I R U E I M X R N E Y
N O K S I L E E R I Q
B W D W E T E C N Z M
J L D T E J Y B X X Z

## MEDIATOR

### 1 Timothy 2:3-6

U M P P D C M E S S A G E R
N H E O U R H H B K G Z M T
D U G D T R T R Z T E R M K
E M N Y I U C B I L M K W G
R A Q F R A N H I S D J Z B
S N P T R W T C A O T L Q P
T I V L W E N O O S Y Q D T
A T J X E O E G R D E N R D
N Y R E C A R D S A V I O R
D M Y E S T S L O R I G H T
X B R T W U L E D M X L D M
R Q M G D B S B S Z R J T P

## BLESSED AND ONLY SOVEREIGN

### 1 Timothy 6:13-15

P R T J X L D T N Q T W Z B Y B
R E S W B Y Q M E S F R W Y L P
E P K O L V D T I S Y A P R Y T
S R R N V D D R D J T Y U N B L
E O O C D E H N R J Z I O L D J
N A J M O C R E T N M I F E T G
C C X Y B M P E L Y S Q S I Y M
E H V N B O M D I S M S K S E B
T N V L R X Z A E G E R U R M D
L I B P M M W F N L N S B M D Q
O V M J N B N L B D E X L R J P
R Q Z E M O M W T J M G N P N B
D Y Y N C P T M L D N E N G N D
V Q R T V D B T D I T P N T W Z
R G D N Y D W P K D Y B L T J T

## HEIR OF ALL THINGS

### *Hebrews 1:1-2*

A B Y M L S M D M S G P Z
F P D B Y V E S T R P N L
A D P A Y T E E O B R L L
T A W O A M H N N N L D Y
H Y L E I P L S G D L J L
E S R T O N G A L J D Y V
R C P R X N T R S G G M G
S N P O I G O E N T P J N
D Y V H K W O O D H E I R
J Z T X D E L D D G N Q L

## CROWNED IN GLORY AND HONOR

### *Hebrews 2:8b-9*

T A S T E N G H N M L Q Y
J L V Z Z J T O T L Y K D
Q N N M Y A E Y D R G D R
S U B J E C T I O N D Y D
L M X D A S D L I E L N M
I A G R U E G R N H Y Y D
T D G S L L E W T Y D R B
T E E I T F O A N G E L S
L J H D F R E W H O N O R
E W K U C D M R E X Y Z Z
L D S T V D D V K R R N J

## FOUNDER OF SALVATION

### *Hebrews 2:10*

S B R I N G I N G G T P Z
A U Z P D F O U N D E R K
L S F G E T B I P H Z V J
V O L F S R T Y G L L N R
A N K I E T F U X S Q T G
T S X X I R O E G L O R Y
I E Z F Y R I N C E G T K
O G R N H A I N K T K N V
N M A T R H L A G Y L W T
G M D Y T K M L X Y P K M

## THE APOSTLE

### *Hebrews 3:1-2*

A N S R E H T O R B N
P S O L C H S E N Y M
P R G I G A L U L J V
O E F I S T L N S R D
I N H A S S E L E E S
N T P O I V E D I I J
T R P R A T I F S N M
E A H E I S H T N O G
D P H O N E E F S O B
J P K O L R S E U K C
Y N C B S Y S T M L L

## GREAT HIGH PRIEST

### Hebrews 4:14-15

T A E R G T J P N Z X W N T
W L N L N M T N W R N P G L
B D Z R B Z R M J N J W J N
T S E S S E N K A E W N I G
F E M D R G Q Y M W B S O L
I H M Y N D Z P R O F E S S
R T R P W E A J H G D N M S
M I K L T T C K R I E X U K
I A D D H E P S T V G S T P
Y F O I D R D R A Y E H L L
Y G Z M B Q Y E I J L D K K
L E B G R K H L K E M Q V N
P D P N T Z T J L Z S V Z N
N X X X B B G R L T B T L X

## A PRIEST FOREVER

### Hebrews 5:5-6

N E T T O G E B T M M Q
R N D C H R I S T E T R
W E Y E P J E R L R Z L
F N D L T I N C T G W M
B O A R R N H M V L L D
E C R P O I I M T V M T
E X Z E Z A N O T H E R
N J A E V H T G P N J Y
T T D L I E K M O P N M
Z E R G T B R S Z R A V
K B H Y J B D L B R R N

## THE SOURCE OF ETERNAL SALVATION

### Hebrews 5:9-10

K E D E Z I H C L E M M
N E D E T A N G I S E D
O B T T B R H T O B E Y
I E T E S E C I W D L J
T I C R R E C Q G N L P
A N G R F N I A O H J Y
V G M R U E A R M G V V
L D E G D O D L P E L D
A P O A N E S M T D Z N
S D M Y R D T L V T B D

## OUR FORERUNNER

### Hebrews 6:19-20a

R E N N U R E R O F
F S A N C T U A R Y
N I A T R U C E L W
E B R S G O P D Z D
D R E M R O H I T J
N W U H H E N C E Y
I E H C A N T S N L
H V G E E L U N U A
E A N R R S F O E Y
B H B N M E S G Y T

## UNBLEMISHED OFFERING

### Hebrews 9:13-14

S D M D W O R S H I P Q
T O S Y E S G D R C M J
A G Y E L R T N O J L W
O Y G L I S E N I A M W
G M U H I F S F N V I D
P B M R S C I R F T I T
L H H Y I I E T H O I L
B C E E F T M O C R W M
Z L N I E I U E I N X Y
L C O Y F T R P L J A T
E T R O Q E S U R B W S
L G J P D K R B P N Y P

## MEDIATOR OF THE NEW COVENANT

### Hebrews 9:15

E D N E E W T E B J N
C E E D E I D O G T F
N S Z T N V E N N R P
A I Y V T L I A E S Y
T M T T P I N E E W E
I O C O L E M T C T N
R R E H V A A M E E S
E P Q O R I N R O I R
H N C X D I N E N C M
N Z R E M A S S P Q R
I D M T L V D T K N L

## THE PIONEER AND PERFECTER OF FAITH

### Hebrews 12:1-2

E C N A R E V E S R E P
C V E N U R R D W T R R
T L Y N R T H B P Q E M
W K O M T T V I B T Y M
I T W U I A O S C N S N
T G G A D N N E U R R D
N M F N E R F G E S L K
E W A E I R T D L C E M
S O R R E X N A E E A J
S R B P K I I Y E N S R
E H V B H E E F N R R M
S T D Y L S D M G R G R

## THE GREAT SHEPHERD

### Hebrews 13:20-21

P I U Q E S J T D A E D
G B V Y H T D J H G G K
N M R E D B E G M G D W
I K E O L R N R D Y I D
K P C O U I O R N J X S
R K O O S G E L X A W V
O D T A V H H G P Y L V
W E E Z P E S T R L N V
L L C E T U N G Q E L W
P Z H A S K O A D G A W
R S M E E O Z P N D X T
W R J X D P G N T T B N

## LAMB WITHOUT BLEMISH

### 1 Peter 1:18-19

E R T Q B T B B P S D
L E H U T D M B U S H
B D I G O A O O R S D
A E N O L H I O I R S
H E G L T C T M L I T
S M S D E S E I L B K
I E D R E L I V W Y W
R D P C B F E R T Q W
E V N Z X R E P H O D
P A J R G N M C N C Y
J L N Z D E N K T B V

## CHOSEN BEFORE THE CREATION

### 1 Peter 1:20-21

D R E V E A L E D N F V D Z
T E D W C J W B J A E P O H
D H I A W H E N I D O G G J
E W R F E L O T L N Z B B V
Z R R O I D H S N D M T D Y
R V O E U R C R E A T I O N
T A V F W G O G M N T M N P
I E I E E O H L V B T L N M
M N K S R B R V G S L M D K
E A Y J E Z X L A N D Y Q K
S Y N Q G D G L D B Y T W L

## LIVING STONE

### 1 Peter 2:4-5

D G N I V I L J Q S T E
N O O L V H N W A X L D
D J O D A W O C Z B B B
S I G H T U R U A Q R T
C Y R B T I T T S E Y P
D H V B F S P I J E R Y
J D O I U E E E R E M S
L E C I C I C I C I T W
Y E S C C T L I R O P L
S L A U E E O T N P L S
Y T O D S U B E J P Y M
M D T H S Y M T V N W N

## PRECIOUS AND CHOSEN CORNERSTONE

### 1 Peter 2:6

Z E R U T P I R C S V L Q
R M L R Y M N W Y N W Z D
E N O T S R E N R O C K P
V Z N S T U D B R Y S U C
E I B Q E R O W E T T H M
O O W Q B V G I A H O L N
H N N Z T N E N C S O E D
W R D M I N D I E E M L Z
W M B Y B S L N L A R L D
Q L A G Y V W R H E P P Y
D L R P Q Z D S Y M B N J

## OVERSEER OF SOULS

### 1 Peter 2:24-25

R I G H T E O U S N E S S
R E E S R E V O N E I D X
R B Y L B G R J I J X R Q
Q M D O Z Y O D S J T M Y
Y G D E N T R I A J M N D
W Y D R N E P S N R L D R
O S B E H R T E J G L V N
U B L P L R U E E M Z C N
N L E U A A L T R H R M R
D H L Y O I E P E O S G J
S N R R V S N H S R B X D
W L Y E M N G S L M T P X

## CHIEF SHEPHERD

### 1 Peter 5:2-4

W I L L I N G G W T G Y
T K Z N W P N G G J M M
D B W O N I C H A R G E
Y R R V D J G Q I Q O P
S C E A A B M G N V R F
J E F H D P N L E L E G
G N L V P Y P R D I T M
U F D P R E S E H N E L
Y O L O M I H C A A J N
G D L O G A V S G R J D
R G N H C V X E L Y S W
Y G T P B K R E L D R W

## THE WORD OF LIFE

### 1 John 1:1

B W H W O R D D R G
H E K E N E E L N N
A G G V A H Y I T M
N N R I C R N E I R
D Y Y U N R D A S D
S L O W E N L G E J
S T I C H C I K L L
R E N F O I O N N X
L O E R E O C N G V
C R P N L Y Z H D Y

## THE ETERNAL LIFE

### 1 John 1:2-3

A P R O C L A I M V G
P I H S W O L L E F R
P T N C L N F D L D Z
E R E I H A E A P R G
A S F S T R N E D X T
R E U H T R I R S K Q
E M E S E I A S Z L Q
D R O T E E F H T I W
J N E G H J R Y G L M

## OUR ADVOCATE

### 1 John 2:1

N S Z A Q E N T R L N B Y
E G X Q N I L I T H E S E
R N Y E S Y G T N N B Q J
D I F M T H O J T Y Z R R
L H Y A T A E N G I X M X
I T E E T S C N E B L N L
H T O V U H I O B R L R N
C U S S A T E R V B J L T
S D T I I H K R P D K R X
B O Z R R T Z Y J Y A L J
Y E W N W H G M X W J L T
T S Q L T Q C X N T L J K

## DESTROYER OF THE DEVIL'S WORK

### 1 John 3:7-8

G Q Y O R T S E D R M L D
V N K S S L V T I B C M L
S X I K I I I G L H M J B
R E R N E N H T I P D O G
D O C C N T N L T E D D T
W E E I E I D I R L N Q M
M D V O T R G A N O E D D
X S U I E C E E S G B N Y
J S O N L P A A B T Z L K
B D G N P Z E R L M L X Y
R N N A M R R J P N T N M

## SACRIFICE FOR OUR SINS

### 1 John 4:9-10

S H G N I N O T A
A G D J L E N O S
C U X E V O O R D
R O P I W N V T K
I R L P L O A E D
F H S Y S M H L B
I T J E O I R S G
C G N N N O N O Y
E O G Q W T D S W

## THE FAITHFUL WITNESS

### Revelation 1:4b-5a

L R U L E R P H T Z V N
U K S P Y E Y J T B R X
F I J P M S C W N R N T
H N R O I H E R V J A J
T G C N R R O V T L E E
I S W I Y B I W E S D M
A W S I T P E T U N P D
F T E S T N E S S N P M
L D R C O N M A M B M L
M I E R A D E K C X D Y
F Q H A V R R S Z E T D
Y T L Q D K G Y S P Z D

## FIRST AND LAST
### *Revelation* 1:16b–17

F T A R G G F I R S T M L
E L H J L K N A F R A I D
L T B O M J N I G M F D Q
L L P R U W J R N A L T J
Q D M V I G J D C I E M N
Z V W Q L L H E N E H G P
D E C A L P L R F A L S M
Z R N L S J L I K V H Z B
M U N D A J L G A M V B J
S X A B D S B H R N J Z P
W E B M V Y T T T T C L G
D Y D J Y N V D Z Q J E Y

## THE LIVING ONE
### *Revelation* 1:18–19

M T J L Y M D D Z D G M
W Q Q T B Y E H O L D B
D E A T H A L T N W X M
K L S Q D V K B R P B T
D B E W N P B E Z P V Y
R Z E Y L W L E Y S L J
Y E N N R I V A E S N R
R X V I K I V D C O L L
R E T E L O A I E E N W
Y E T A W H O K N K R E
Z B N A B O N L D G A B
W G B L L B N B Y Q B T

## HOLDER OF THE KEY OF DAVID
### *Revelation* 3:7

A I H P L E D A L I H P
C R K E S E R S Z Q G K
H L N E T H D T Q D G L
U O E I Y R U M T R U E
R K R G O S H T D X Z L
C W Q W N O T A S J Q T
H Z T E L A V V P Y W V
T W P D H I Y P K Z R Y
J O S W D H O L Y L T J

## THE AMEN
### *Revelation* 3:14

G A L C D L O C R B Z W Q
N L E E H L T L Q C B Q M
I U T C G U L R R J B L Y
N F N Y I N R E U S T L V
N H J Y E D A C S E Y R R
I T W M S T O E H R T G T
G I A O I D N A E T I R W
E A D O R T R H L R Y Z L
B F N O I K B O O K N O W
R D T W G D S N W T X R K

## VICTORIOUS ONE

### Revelation 3:21-22

V F A T H E R N R E V I G
S I M Z R G W E L E N X X
T E C G Q O V X A E W D P
H N H T D E T R N T T M B
G W Q C O H S O Z N B W R
I Z T H R R T I R I P S B
R I W O H U I B W I L D R
S M N Q X E H O S Y A S Z
D E M X L M A C U W N R L
Q M N D R L X R N S V T B

## THE LION OF THE TRIBE OF JUDAH

### Revelation 5:5

W Z Y Q L P N S E A L S
Y E N H O L E O Y R Q T
R S E T T V O T I N P Z
O R S P E R H R J L D T
T E J N I R O L C B L N
C D P U O N O W H S L W
I L A N D O G E B I R T
V E E V K A I N E P O V
D Z J N I R H Q Q L P Y
D G B G R D K J B T G L

## WORTHY LAMB

### Revelation 5:11b-12

B M M E Z P J N E L D J P M
L Q G L O R Y C M E S J J Z
E M B D P R I O R E E B Q J
S A Y E J O D E R N M T B L
S N L R V S T U O Y Y L Y M
I G A S I H T R Z H Y J N N
N E M W G A H P T R R D B J
G L B U E T D R W E A L T H
R S A R M K O S W M I G H T
Y L C D B W H O N O R V D J
S L N L Y P P P P M P T Y J

## LAMB

### Revelation 13:7-8

P S N A T I O N Y B X Y N
J R L A U T H O R I T Y Y
I N H A B I T A N T S L R
P M F O U N D A T I O N N
E T R Y H G P V E L A M B
O Q R T W I H G W O R L D
P B R I H R A T L L D L X
L A O S B U I N E I T L B
E T R O G E N T R R F G D
X O W N K D A Z T T E E D
W J A L M N M K L E Q D L
X L Q M N V E Z D J N M J

## KING OF THE NATIONS

### *Revelation* 15:3

S K L D L G W S B Y
N G K O N D E A T J
O L N I R R E H Y L
I A K I V D G E G S
T M S A Z I Z B D T
A B N O M A S T A S
N T J L N E M E B E
J D A U S G R A U P
R B D O S G T R Q D
B V M Q R T T B D N

## LORD OF LORDS

### *Revelation* 17:14

L T V Q L X X D L C R V J
U M K G R V N Y A M X M K
F W A R L W A L T J P B K
H N M L I N L G R J L B F
T N E T D E T W A G N O R
I D H S D Y A R O I L M R
A L Q T O G T V I L N E Y
F Q R N E H E B O U S S M
T B M A L R C W Y U M L T
R D R G L M E X A L Z P B
R K N Y R R N C G O J N H
T I Z R S Z E Z B R D Q V
K Z N B P B R V T D B B T

## FAITHFUL AND TRUE

### *Revelation* 19:11

K K Z J W J Y L N N N K P R
S T V W M Q J E Q Z R R I Q
D S J W Q W V T B Y K D A M
E R E V L A J U D G E S B W
N S M N E Y G J W R V Z D B
B B R H S B B H T L T Z T B
R R W O D U I K U D J M Q X
S M O Y H T O F D E L L A C
L E Q P E V H E G V U Z N Z
T S K B E T J L T M J R D Z
H A N A I N X T M H L M T P
E W N A M N E J D J G V D Z
N T F B B L R D R R B I X L
N K L P Y P B N D J M R R R

## THE WORD OF GOD

### *Revelation* 19:12-13

B N D B R K W L L I T B V J
L D L E D O N D N P S E Y E
O D A D H Z B S E S N T Y T
O L T E T T C E M L W T W V
D B D B H R O E N J L O J Y
R L T M I R D L Z R D A R R
V N Q B K A N E C L L G C D
D M E H I L M Z S N O Z K N
E D T D I A L X W D J Z J D
P Q N Z L M D D O E R I F T
P W G F R T S R N K L N Z V
I N N G J Q B E K T A D T X
D Q M G W L W V L M Y Z V R
G P K W Z R V M E F Y J B G

## THE ALPHA AND THE OMEGA

### *Revelation 22:12-13*

R R D G D L Z D A G E M O
G E N L A N H Q N N T D Z
N P C S O C E I Y D D D B
I A T O A H G Q T J Y D T
N Y L E M N E K Z D L D B
N G D P I P R B Z L R B Z
I F N R H E E S O O N V R
G I B I P A N N W R W B T
E R N L M Q Y O S G X N J
B S V N G O M Y D E X L D
Q T P T T D C Y R W W N M

## TREE OF LIFE

### *Revelation 22:14-15*

S R E T A L O D I Y P P Y
T Y P T M B R M T R W Z L
E D I S T U O J A L B T D
L R D Q X N R C M W L O N
R N Z O R G T D X Y G B P
Z O I T O I B L E S S E D
N C B M C H G L N R P K J
P Q I E M M E H I T E M X
Z L S G S O G S T F W R C
Z Z T N A A R J L A E I S
R G R R T M B A S A T R P
J M J E E D R H L Y F G X
B T S M N E D D L B X T Y

## BRIGHT MORNING STAR

### *Revelation 22:16*

T Z M N T T D S K W
S N L O H J E J B T
U Y A E R H J R L W
S T S D C N I Y T Y
E E H R N G I E W A
J D U I H E S N N G
R H I T N T C G G T
C A N V I G E S O G
N E T F A L S O E R
S X Y S N D R B N D

# ALSO AVAILABLE

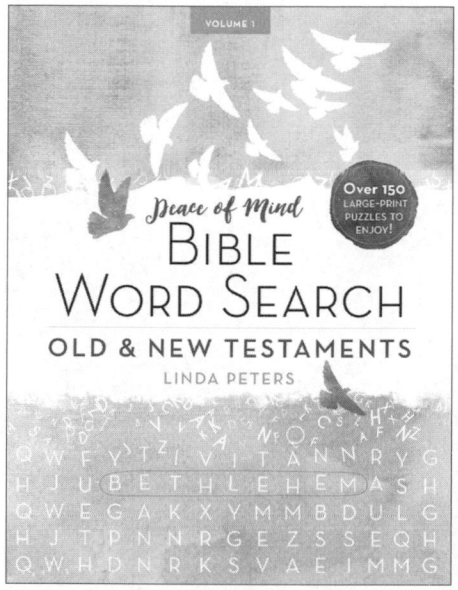


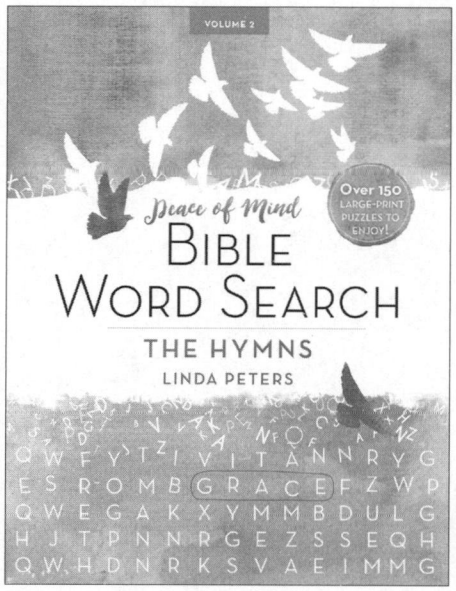


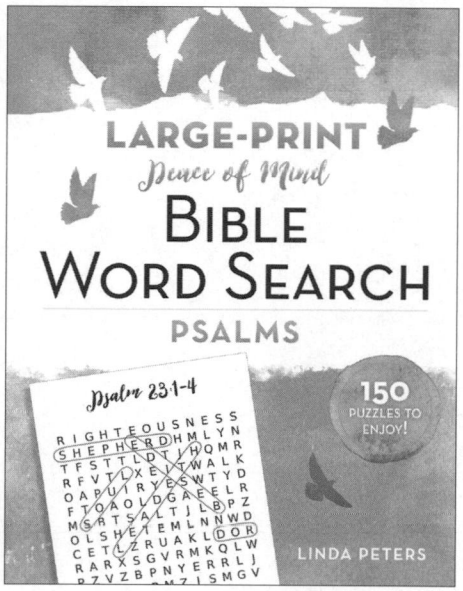


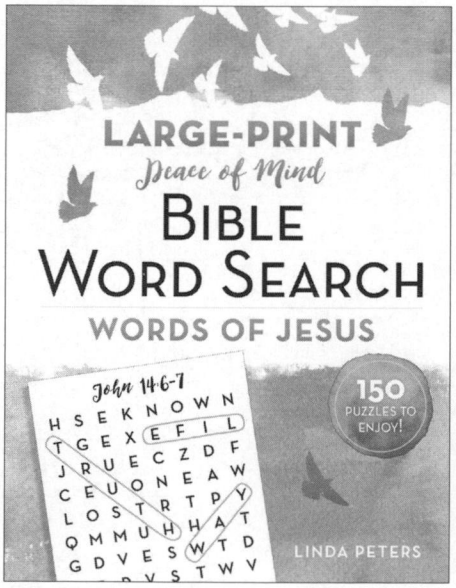


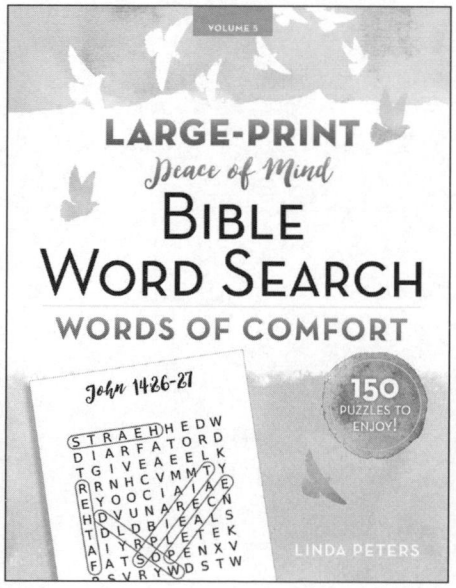


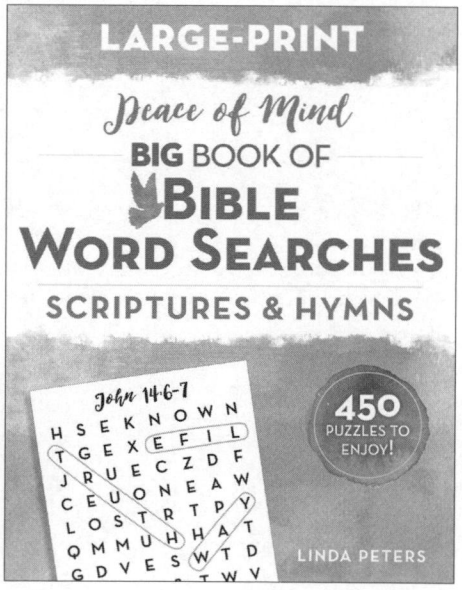